Venturas y desventuras de

cientos
de tetas

Relatos en clave de humor
sobre lactancias MUY reales

VIOLETA S. PINTADO

ISBN: 978-84-127750-1-3

DL: B 2742-2024

© 2023, Violeta Sánchez Pintado

© 2024, Libros del nido

Diseño de la cubierta: Melina Belén Agostini

Presente edición: Libros del nido, 2024

www.librosdelnido.com
IG: librosdelnido
info@librosdelnido.com

Venturas y desventuras de
cientos
de tetas

Relatos en clave de humor
sobre lactancias MUY reales

VIOLETA S. PINTADO

A todas las madres.

Las que ya criaron,

las que no han podido criar,

las que están criando

y las que criarán.

Índice

Prólogo

Este es un libro prolactancia. Es un libro de madres y para madres. Sin embargo, no esperes encontrar aquí el Santo Grial, la fórmula mágica de la leche *gourmet* o el ángulo perfecto, trazado con escuadra y cartabón, con el que lograr un buen agarre.

Manuales de lactancia hay muchos. Libros sobre los beneficios que conlleva, más aún. Pero un recopilatorio de anécdotas reales, de madres de carne y hueso, sacando a relucir la versión más cómica e hilarante de las mismas... Déjame que dude que puedas encontrar otro como este.

El libro que tienes entre tus manos pretende ser un faro en la oscuridad de tus noches en vela, arrancarte una sonrisa cuando creas que tus ojeras no pueden hundirse más (¡créeme, pueden hacerlo!) y recordarte que no estás sola, que juntas hacemos tribu y los problemas empequeñecen. Pero, sobre todo, es una oda al desenfado y al cachondeo. Porque la lactancia es bella, sagrada, animal, mágica... Pero, además, puede ser un verdadero espectáculo cómico. Lactancias cortas, largas, de este siglo, del pasado, materna, artificial, en tándem... Todas ellas tienen un sinfín de anécdotas detrás... Tantas, que podría hacerse un libro. Y eso hice.

1. Comienza la lactancia

Tiene que aprender, que acaba de aterrizar

Mi pobre hijo debió de ofenderse al poco de nacer. Hicimos un maravilloso y reparador piel con piel, ¡oxitocina a raudales, agarre precoz! Pero... Menudo primer mordisco. De tiburón.

Me imagino mi cara de «eh, ¿qué está pasando aquí? Si no tiene que doler» vista desde fuera. Aviso de inmediato, aún en paritorio. Respuesta: «¡Pues no le dejes que te haga daño, que eso es que no abre bien la boca y se viciará!». Ya se sabe cómo funcionan los zombies... Una vez prueban el sabor de la sangre, se vician. Y ahí estaba yo, quitando y poniendo en la teta a mi pobre bebé, rogando que no me acabase arrancando medio pezón y se lo comiera, que ya se sabe que hasta los seis meses no empieza la alimentación complementaria.

Ya mi niño subió a planta calentito con tanto quita y pon. Pero lo que le fulminó el ego fue aquella señora auxiliar que, cuando volví a pedir ayuda (creo que más bien era auxilio), me respondió, muy tranquilizadora ella: «Mujer, tienes que tener paciencia, que acaba de nacer y tiene que aprender a mamar».

Mire, señora, mi hijo lleva meses entrenando duramente para este día como para que se cuestione su habilidad de succión. Vamos a ver, además de llorar, es lo único que se espera de una criatura cuando nace... ¿Y dice usted que mi niño no sabe? Hundidito en la miseria que me lo dejó.

A la mañana siguiente, conseguí que una maravillosa pediatra le cortase el frenillo (para entonces, mis pezones suplicaban ya clemencia al verle y no tenía ni veinticuatro horas de vida). Si hubiese podido hablar, está claro cuál hubiese sido la frase: «¡Atada tenía la lengua, atada! Y menos mal, porque si no, me oyen».

Desde entonces tenemos una pacífica lactancia sin mordiscos de tiburón. Bueno, es mentira. Debió de gustarle el sabor de la carne humana y ahora repite de vez en cuando, con dientes. Lo dicho: una vez la prueban, quieren más...

«¡Oh, guau! Oh, oh...»
O historia de una ingurgitación

Pocas cosas me han asombrado tanto (¡y para bien!) como el tamaño de mi pecho cuando me vino la subida de la leche. En unas horas, aquello se había inflado a tal nivel que podía pasar con aprobado alto la revisión de un airbag. No me había mirado tantas veces las tetas en el espejo ni con quince años. Estábamos a mediados de diciembre y recibí a mi madre, que venía a visitar a su recién parida hija, con las tetas al aire y gritando: «¡Pero mamá, mira esto!». Qué alegría y qué alborozo llevaba. No podía ni sentarme pero mis tetas relucían, y con eso compensaba. O no.

Seguro que mi bebé alucinó cuando intentó meterse aquel balón de playa en la boca. Tan estirada tenía la piel que no había quien enganchase el pezón. Llorera. Oh, oh... A partir de entonces, tuve que despedirme de mi voluptuosidad en favor del sacaleches durante unos días. Después de aquello, me siento más feliz con las tetas vacías y manejables, y mi hijo se encarga de que así sigan años después.

Carrera contrarreloj

A veces las cosas no son como crees que van a ser, sin más. Ahí estaba yo, recién parida, rezumando hormonas por todas partes, con un bebé sonrosado encima de mi pecho que, tal y como había leído hasta la saciedad, iba a reptar por mi cuerpo, encontraría mi pezón y comenzaría a mamar, ávida de leche materna. Puro instinto animal, naturaleza absoluta, esencia mamífera... Nada, que mi hija perdió el mapa que llevaba al pecho y el instinto mamífero. Pasaron las horas y ahí estaba mi suegra, respaldada por mi marido, insistiendo en que la criatura tenía que comer, que había que darle un biberón. ¿¡Un qué!? Tanto me negaba a ello que ni siquiera tenía alguno.

Al caer la noche, más agotada de oír sermones que de haber parido, accedí a pedir la maldita leche de fórmula y mandar a mi marido a comprar biberones. Pero la matrona (gracias, querida) me dijo que, si lloraba, teta. Y si seguía llorando, más teta.

Me dejé un ovario, medio riñón y una muela del juicio, pero finalmente mi pequeña mamó. ¡Vaya si mamó! Pero la mayor sorpresa vino cuando me dijeron que, de los cinco bebés nacidos ese día, ¡la mía había sido la más rápida en engancharse! ¿Pero esto no era sencillo!? ¿Los astros no estaban bien alineados ese día?

Sin duda, ver a mi hija mamar fue mágico. Pero mejor no os cuento la satisfacción que sentí cuando mi suegra se calló... ¡Y sin biberón!

2. Heridas de guerra

Los masajes en los pies ya están muy vistos

Cuando estás esperando un bebé y la familia está lejos, todo se complica más. Por suerte, existen los grupos de preparación al parto y de apoyo a la lactancia.

El caso es que, al poco tiempo de nacer mi hijo, tuve una maravillosa mastitis. Eso de la lactancia, que tan fácil se suponía que debía ser, se nos estaba complicando. No sé si las boicoteadoras eran mis tetas o mi bebé era muy pequeño para esos esfuerzos. Así que nos plantamos en una sesión de lactancia comunitaria los tres juntos, mamá, papá y bebé, esperando que la matrona obrase su magia.

Y allí, rodeada por las demás mamás y sus bebés, me saqué el pecho maltrecho y me lo empezó a masajear para extraer leche. Que me lo tenía que masajear para vaciarlo. ¿Cómo amasas algo que te da horror rozar?

La evidente respuesta se materializó en forma de marido, que aprendió a masajearme el pecho mientras yo apretaba los dientes. Erotismos del posparto.

Tanto se aficionó que a las tres de la mañana ahí seguía con las friegas mamarias, frota que te frota. La mastitis se curó, yo me aficioné a que me den masajes y mi marido debe estar debatiéndose entre estudiar para quiromasajista o darse a la fuga.

Llamad al dentista

Llega un momento en la lactancia en que han quedado atrás todos esos problemas iniciales que tanto dolor causan y la lactancia es súper placentera. Tienes una criatura ya mayor, que viene y va, juega, es bastante independiente... Y llega la noche y tenéis vuestro ratito de gloria, juntas, abrazadas y dándole de mamar hasta que se duerme... Pero, para entonces, tiene dientes. Muchos dientes; más que una piraña, como mi hija.

Ella no me solía morder, era cuidadosa y todo iba genial. Pero una noche en que estaba ya más cerca de Morfeo que de mí, cerró las fauces. La madre que la parió. Se lo dije. Intenté vocalizar algo entre dolores y mi hija, muy sabia, supo que había llegado el momento. Me había hecho daño inconscientemente y ya tenía una edad, así que tomó una determinación para poder evitar que volviese a suceder:

—Mamá, llévame al dentista y que me arranque todos los dientes.

Así es como suceden los grandes acontecimientos en la historia de la humanidad. Tomando grandes (y drásticas) decisiones.

Aclaraciones finales: mi hija sigue teniendo todos los dientes.

Toma de emergencia

Esta herida de guerra no fue causada por la lactancia, pero la lactancia estuvo presente.

Mi hijo había empezado a gatear hacía poco, unas dos semanas. Y, de pronto, alcanzaba muy rápido cosas que no debería haber alcanzado, como los zapatos que ahora viven en la entrada muy a la japonesa gracias al covid. Zapatos que, por supuesto, quería meterse en la boca.

Yo, creyéndome una grácil gacela, con mis largas piernas estilizadas de mi casi metro ochenta, salí corriendo por el pasillo a impedir la tragedia. Podía haber sido una diosa de las olimpiadas: tan veloz, tan ágil, tan estilosa... Tan torpe.

Me comí el medio palmo de pilar que sobresale de la pared. Os lo juro, medio palmo. Creo que si no hubiese estado el pilar, me hubiera estampado igualmente contra la pared. Mi dedo meñique del pie se quedó formando un ángulo un tanto extraño y de inmediato supe que estaba roto. Empecé a gritar de dolor caminando coja hacia mi bebé, que para entonces hacía rato que había abandonado los zapatos y admiraba el espectáculo del que estaba disfrutando en exclusiva y sin cortes publicitarios. Como buen amante del arte, se puso a reír y aplaudir de inmediato. Ya os digo que soy toda una estrella, he nacido para brillar.

—¡Que no es broma! ¡Que me he roto el pie, que me lo he roto en serio, hijo!

Nada, que cada vez yo me metía más en el papel, la obra resultaba más convincente y él la disfrutaba más.

Para colmo, estábamos solos en casa. Me planteé que lo ideal sería sentarme en la cama, pero eso dejaba pocas posibilidades para entretener a mi hijo mientras llegaban los refuerzos, así que me tiré al suelo con él, con los juguetes a mano. Estuvo un rato distraído, llamé a mi madre y a mi marido y, en los quince minutos que tardaron en aparecer, casi tirando la puerta abajo, yo empecé a marearme y mi hijo a impacientarse porque no nos íbamos a jugar a otro lado.

Así que, viendo ya las estrellas, con fiebre (sí, mi cuerpo es así de dramático también para las fracturas) y sabiendo que no podía permitirme desplomarme, me levanté la camiseta, abrí los brazos en cruz (recordad que estaba tirada en el suelo) y le dije a mi bebé: «Sírvete, pequeño, son todas tuyas». Melodrama absoluto, tragicomedia de vida la mía. Y así fue como controlé a mi pequeño correcaminos mientras seguíamos solos: con el poder de las tetas y la fuerza de la gravedad que ejercen sobre los bebés.

Sí: cuando llegaron, nos encontraron de esa guisa.

En las películas parecía más... Ergonómico

A veces, las soluciones a grandes problemas como las mastitis son bastante sencillas. Sencillas por simplicidad en el planteamiento, porque lo que es ejecutarlas...

Ahí estaba yo, con mi bebé recién nacido, dispuesta a colocarlo como me habían indicado para que vaciase bien la zona afectada del pecho. Y creedme cuando digo que estaba muy dispuesta a ello, pero por lo visto tenía que hacer una formación previa sobre equilibrismos en pareja. La teoría estaba clara: ponte boca arriba y el niño encima. Hasta aquí, perfecto. Pero el niño tiene que estar del revés. Ah.

Y así estábamos, para un cuadro. Mi bebé, que aún no era capaz de aguantarse solito, metiéndome el pie en la oreja, mientras mi madre lo sujetaba y yo hacía la estrella de mar contando el gotelé de la pared para evitar pensar en el dolor de aquel pecho que mi hijo se esmeraba en vaciar por más extraña que le pudiese resultar la situación.

La mastitis se fue, nuestra lactancia continuó, y por aquel entonces yo no tenía ni idea de lo que realmente era hacer equilibrismos amamantando. ¿Vendrá de entonces su afición a mamar en posturas inverosímiles?

3. De artefactos, o central lechera

Central lechera asturiana

Siempre he sido un poco propensa a guardar de todo «por si acaso» o porque «seguro que algún día me hace falta y agradezco haberlo guardado». ¿Cómo iba a ser menos mi propia leche?

Así pues, como tuve una sobreproducción brutal durante bastantes meses, me puse a almacenar la leche sobrante que extraía cuando mi pecho iba a estallar... Nada, poca cosa, unos cincuenta mililitros del tirón de un solo pecho... El cual aún se quedaba cargado para que lo vaciase mi bebé. Una locura.

Empecé a acumular bolsitas en el congelador, muy feliz. Esta por si algún día me tengo que ir por alguna urgencia, esta para hacer polos cuando le duela la boca, esta para hacerle unas ricas gachas cuando empiece la alimentación complementaria... Y así, con el «esta por papá, esta por la abuela y esta por el perro» llené toda una cajonera del congelador. No es broma.

La cuestión es que pasaron los meses... Los polos de leche se los hice con leche recién extraída (y le pareció muy mal invento, ¡leche fría! ¿en serio, mamá?), nunca me tuve que ausentar de su lado y le he hecho todas las gachas del mundo con bebida vegetal. Ahora, si me tengo que ausentar y tiene hambre, igual se come un aguacate entero. O un plato de espaguetis, lo mismo da... Pero la leche sigue en su cajonera, por si acaso. ¿Por si acaso? Mucho me temo que tendré que ir vaciando el congelador si no quiero que la leche se vuelva radioactiva. O quizá le ponga un cartelito a la cajonera: «Ábrase solo en caso de apocalipsis. Alimento con propiedades desconocidas y composición alterada».

El monopolio de la leche

Mi pequeña fue prematura. Eso hace que los inicios de la lactancia sean pegados a un sacaleches, a un reloj y a una incubadora en la gran mayoría de los casos... Lo que no te cuentan es que, un buen día, te das cuenta de que no puedes parar. Fabricación industrial en toda regla, tus tetas ya no necesitan ninguna orden para ponerse a trabajar a destajo. ¡Producir, producir, producir! Todo es poco cuando tienes una criatura prematura.

Y pasa un mes, dos, tres... Y produces mucho. Muchísimo. Vamos, que has llenado el congelador de casa y tu bebé está morado de tanto comer. Podría haber dejado de sacar leche, pero... ¿para qué parar si tienes una casita en el pueblo? Con congelador.

Prrrrr, prrrrr, prrrr... El sacaleches echando humo y yo con mi neverita con placas de hielo transportando aquel tesoro de un lado a otro. ¿Y si dejamos leche en casa de mis padres? Pues también, que tienen congelador. ¿Y mis suegros? Fantástico, tienen congelador. Así es como, poco a poco, la leche materna va monopolizando congeladores... Empieza por el de casa pero se extiende a los congeladores colindantes rápida como la pólvora... Y ahora pensaréis que tanta leche se acabó echando a perder. Pues os contaré una cosa: mi hija tuvo suficiente leche almacenada para alimentarse durante meses y no se desperdició ni una gota.

Y ahora os diré otra cosa. En el rato que habéis dedicado a leer mi historia, os he metido unas cuantas bolsitas de leche en el congelador, por si alguna vez paso por allí y me hacen falta. ¿Que no os lo creéis? Id a comprobarlo, id... Es el monopolio de la leche...

4. Opinología, consejos y confesiones

Buenos días, vecina

Las mañanas del puerperio... Sale el sol, cantan los pájaros, las flores se desperezan tímidamente, envueltas en un suave manto de rocío... Y tú solo quieres asesinar a mordiscos a todo aquel que tenga cara de haber dormido bien esa noche.

En esas estaba yo cuando una potencial víctima de mordiscos letales imaginarios salió de su madriguera: mi vecina. Yo, con mi bebé colgado de la teta, al igual que había pasado las doscientas veintinueve horas anteriores; ella, con esa sonrisa indulgente hacia una madre agotada e inexperta que no sabe cómo funciona su propio bebé si no viene alguien a enseñarle. Y cómo no, ese alguien bien podía ser ella.

Llevábamos unos minutos hablando como buenas vecinas (yo aún no había empezado con mis mordiscos de caimán y ella había pasado de visita a felicitarnos), cuando ella decidió que mi criatura llevaba mucho tiempo en el pecho. «De ahí ya no debe salir nada tanto rato». «Yo juraría que sí que sale» fue mi respuesta. «Que no, que no, te digo yo que ya no saca nada, ¡no puede ser!»

Sabéis cómo acaba la historia, ¿verdad? Le di de desayunar. Y a mi hija también, que aún me quedaba algo después de lanzar el chorro contra mi estupefacta vecina. ¿Ves como sí que sale?

De visita en el pueblo

Habíamos viajado a nuestro pueblo, a ver a la familia. Mi hija rondaba los dos años. Por todos es sabido que, en la mayoría de casos, a la gente mayor no le parece muy normal que una criatura aún mame a esa edad. Cuando llegó la hora de la merienda y la niña me pidió teta (¡y se la di! ¡qué barbaridad!) el silencio que se hizo a nuestro alrededor fue imponente. Tuve que mirar un par de veces por encima del hombro por si algún ser demoníaco estaba acechándonos y nadie tenía el valor de avisar.

Cuando el encantamiento fue perdiendo poder, mi tía se marchó corriendo para traer un vaso rebosante de leche (de las vacas del pueblo, leche con sustancia, nada de agua sucia de brick). Y, por supuesto, leche que alimentaba más que la mía, pobre criatura... «¡Si de ahí ya no sale leche, cariño!»

Pero, por ahí, ya no. Pueden pensar que es muy mayor, que ya no alimenta, que es vicio... Lo que les dé la gana. Pero, ¿que no tengo leche? «Diles si tengo leche o no, hija»... Y así fue como mi pequeña se giró hacia esas incrédulas mujeres y abrió una boca rebosante de leche. De la mía, eh, no de las vacas del pueblo.

El silencio se volvió a apoderar de la situación y nadie volvió a mencionar mis tetas. Sin embargo, aún no habíamos terminado de sembrar el pánico, pues en la misma visita le hicieron una papillita muy sustanciosa a mi niña, que estaba «muy delgada» (ya sabéis que nada como la leche de vaca) y, por más que traté de advertir que no era buena idea, no escucharon. Así fue como mi pequeña generó un nuevo trauma entre las buenas gentes de la familia al encontrarla en brazos de su padre comiéndose un costillar de ternera como una troglodita. Porque a ella le gusta su teta... ¡Pero tampoco le hace ascos a una buena comilona!

De modo que, madres del mundo, la próxima vez que vayáis al pueblo, recordad hacer una preparación psicológica previa a vuestros familiares si queréis evitar unas cuantas arritmias, algún sofoco y casos extremos de shock postraumático.

Términos opuestos

Durante las dos primeras semanas de vida de mi hija, yo tenía tres cosas estables: un bebé en brazos, las tetas fuera todo el día y una suegra opinando de todo.

Yo, segura de mí misma, centrada en mi proceso, empoderada e informada, la dejaba hablar. De hecho, llegaba un punto en que solo oía, ya no escuchaba. Hasta que llegó el momento. Ese momento.

A veces, hasta las suegras todopoderosas cortocircuitan y ni ellas saben a ciencia cierta cómo calmar a un recién nacido irascible. Pero eso es algo que no se puede reconocer así, alegremente. Y, aquel día, la mía cortocircuitó. En cuestión de un minuto, sucedió la escena que a continuación se reproduce:

Bebé, lloriqueando en brazos de su mamá por enésima vez ese día.

SUEGRA: Esta niña tiene hambre ya, seguro.

Mamá de la criatura se la engancha al pecho por enésima vez ese día, porque sí, seguramente tenía hambre otra vez.

SUEGRA: ¿Pero otra vez le estás dando de mamar?

Y aquí es donde me perdí. Estuve tentada de preguntarle si no se estaba contradiciendo a sí misma, pero me guardé muy mucho. Seguí un rato largo, reflexionando sobre ambas frases. Al final, di en el clavo con la solución. Mi suegra me estaba insinuando que a la niña había que darle un buen bocata de jamón. Por si acaso, como no lo vi muy claro, decidí comérmelo yo y seguir dando teta.

Gracias

Si hay cosas de las que mucha (demasiada) gente opina es sobre la maternidad y todo lo que lleva aparejado. Y por ello, salir a la calle y sacarte una teta (sobre todo si tu bebé tiene más de un año ya) puede darte material para un documental completo sobre la fauna del asfalto.

Curiosamente, lo que más encontramos son mujeres ya mayores, posiblemente con nietos, que se indignan, se escandalizan, te comentan sin que se lo hayas pedido que ya será hora de que deje la teta y/o simplemente, te miran mal. Y mucho, para que te des cuenta. Si alguna vez notas olor a humo y estás dando de mamar en público, búscala: en un radio de veinte metros de distancia es muy probable que haya una señora lanzándote rayos láser por los ojos. Evita exponer demasiado tiempo la teta a esos rayos, o podrían reducirla a cenizas.

No las juzgo. A ellas las educaron así, ellas maternaron semiescondidas. Pero que no las juzgue no significa que no esté hasta donde mi hijo vio la luz al final del túnel de oírlas. Aquella mañana, una señora paró su trayecto delante de mí, mirando sin tapujos cómo daba de mamar a mi bebé. Hubiese temido un momentazo como los anteriormente descritos, sino hubiese sido por lo vidrioso de su mirada. No lanzaba rayos láser. Le sonreí con los ojos, como hacemos desde la pandemia, y me dijo que qué bonito era lo que hacía. Que qué suerte poder hacerlo así... Ella, de joven, se tenía que ir corriendo a casa para amamantar.

Guau, esas confesiones son las que dejan sin palabras, porque se quedan aferradas a la garganta.

Hay señoras que no lanzan rayos láser. Las que sí lo hacen quizá se tuvieron que esconder más de lo que hubiesen querido para dar de mamar. Así que, por todas ellas, si te apetece, ¡sácate las tetas dónde quieras!

Nota: Ojo, me refiero para amamantar. Tener un momentazo de revelación divina en la cola del súper y arrancarte la camisa sin ni siquiera tener hijos cerca no creo que sea muy comprendido.

La familia, ese gran tesoro

En esto de la lactancia (y la crianza), nunca sabes quién te va a sorprender con uno de esos comentarios dorados, esos para enmarcar, esos que si te pillan bebiendo agua te atragantas y, con suerte, le salpicas en un ojo.

A mí me pasa de vez en cuando con mi prima, que yo la quiero mucho pero lo de escupirle en un ojo en esos momentos igual no sería tan mala idea.

El primero de sus comentarios vip fue cuando mi hija aún tenía unos meses. Pidió teta, teta le di. Y de fondo surgió un esplendoroso y humorístico:

—Deja de chupar tanta teta que como sigas así te vas a hacer lesbiana.

Me salieron tantas muecas intentando contestar algo coherente a tan sensacional y aplastante falacia que hice gimnasia facial para medio año, por lo menos. Al final, conseguí responder que mi hija podía chupar y ser lo que le diera la gana.

Pero como la lactancia sigue ahí, aún es motivo de ocurrencias muy simpáticas y graciosas a ojos de quien las hace. Ahora, con año y medio, le pregunta si le da un poquito de su teta. Como para mi hija hay cosas en la vida que son demasiado sagradas para ser compartidas, se negó, evidentemente. Como respuesta a su indignación, obtuvo un «no la quiero, toda para ti, que eso es caca».

Pues no, querida prima, de momento sigue saliendo leche. Y sin cacao, ni grumitos, ni espumita. Nada que la haga asemejarse a la caca. Recordad: de las tetas solo puede salir leche. Si algún día os sale otro fluido diferente, llamad al médico. Si es verde o azul, a la NASA. Y si es caca, a mi prima, para darle la razón.

La 0,0 ni para fregar el suelo

Cuando me quedé embarazada ya sabía que iba a renunciar a ciertos placeres del paladar durante una buena temporada. Sin duda, la restricción que más se mantiene en el tiempo es la del alcohol, hasta que la lactancia lo dicte.

Para qué engañarnos, de vez en cuando se echa de menos. Salir con amigas a tomar algo que no sea una sin, o peor, un zumo fresquito. Aunque también tiene su aquel ver cómo la gente de tu alrededor va perdiéndose cada vez más entre efluvios, mientras tú observas con las palomitas en la mano, a ver qué nueva estupidez dicen o hacen.

La cuestión es que el otro día me dijeron que me pedían una cerveza. Decliné la amable invitación recordando que aún estaba dando teta a mi hija, y la respuesta, totalmente justificada y argumentada, fue: «Pues deja ya la teta que ya está muy grande, y así puedes volver a tomar cervezas».

Madres lactantes del mundo, ya sabéis. En cuanto un ojo ajeno os diga aquello de «madre mía, pero si ya está criado», fuera teta. Que hay que beberse una caña detrás de otra. La operación para salvar a los bares es cosa de todos y todas, no seáis escaqueadas.

Que no se entere, pero...

Llega un momento de la vida de nuestros bebés en que dejan de ser bebés. Y, como todo el mundo de a pie sabe, la teta solo es para bebés... Así que comienza la presión mediática, te inviten o no a cervezas. Según os hable vuestra vecina, el tío del pueblo, la amiga de tu prima o el repartidor de pizzas, la edad para dejar la teta y ser ya muy mayor puede oscilar entre el año, dos, seis meses o una semana de vida. Así que, como no hay mucho consenso popular, yo di teta hasta que nos dio la gana.

Sin embargo, esta libertad de decisión lleva consigo escandalizar a pobres ciudadanos cuyas cabezas parecen a punto de explotar cada vez que preguntan si aún toma teta y respondes que sí. Y mira que preguntan a menudo; no sé si ponen a prueba nuestra paciencia o su predisposición al infarto, porque parecen realmente afectados/as.

Pero, sin duda, las mejores escenas llegan cuando la criatura es suficientemente mayor como para poder intervenir en la conversación. En esos momentos, hablar de la lactancia se convierte casi en un tabú oscuro, la teta se convierte en La-que-no-debe-ser-nombrada, como diría la gran J. K. Rowling, y las conversaciones se convierten en cuchicheos y susurros morbosos preguntando:

—Oye... ¿aún toma teta?

Y ahí fue cuando entró en escena mi hija, que oye más de lo que le gustaría a su abuela, para responderle en el portal de casa, bien alto:

–Sí, ¡¡sigo tomando teta!!

¿Quería una respuesta contundente? La tuvo. ¿Quizá también la tuvo todo el vecindario? Quizá. Así ya no tenían que preguntar tampoco, todo ventajas.

5. La sanidad en Atapuerca

Ah, pero...¿tú te alojas aquí?

A veces ocurre que todo se tuerce y te separan de tu bebé nada más nacer. Ahí la lactancia puede complicarse. Si, además, tu bebé ha de pasar unos días en neonatos, separado de ti, la cosa se complica hasta el punto de necesitar apoyo profesional para establecer la lactancia. Pues bien, esa sería la respuesta correcta en un examen, pero no fue lo que me sucedió. Más bien fue todo lo contrario. ¡Ding, dong, ding: el tren de apoyo a la lactancia ha efectuado su salida por la línea 1! Y ahí estaba yo, corriendo por el andén, sola, sin bebé en brazos, pero deseando que alguien me diera un manual de instrucciones. ¡Que ya si eso me lo leo yo luego, pero dadme algo! Nada, que en esto hay que ser puntuales: como no estés con el bebé en los brazos y la teta fuera desde el principio, no te subes al tren.

Así que ahí estaba yo, unos días después de todo el susto, con mi bebé en los brazos, la teta fuera y dándole vueltas buscando por arriba y por abajo dónde tenía guardado el manual de instrucciones. Me dije que tendríamos que hacerlo solas. Pero mi pequeña me devolvió la mirada y me hizo saber que el agarre acabaría siendo el mejor, con pezoneras, sacaleches, fórmula de por medio y lo que hiciese falta. Tanto, que años después aún no se ha soltado.

Fórmulas matemáticas

Yo estaba más que dispuesta a dar teta. De hecho, estaba empeñada en ello, así que me daba igual que fuese más o menos complicado... Lo que no esperaba era casi tener que resolver algoritmos para alimentar a mi hija.

Tenía los pezones planos, así que me planté unas pezoneras y algo conseguía mamar, aunque le costaba. Mi hija no ganaba peso al ritmo que debía y lloraba más de lo esperable en un recién nacido, que ya es decir. Así que me dijeron que no se estaba alimentando bien. Malditas tetas estropeadas... A partir de entonces, me dieron LA solución: «¡Tienes que ponerla diez minutos en cada pecho, ni más, ni menos!» (Esto que os cuento sucedió hace menos de diez años, por cierto).

Uf, qué presión. Me vino todo el peso de la ciencia encima, sus diez minutos exactos, con sus sesenta segundos dentro de cada uno de ellos. ¿Y si me paso un minuto!? ¿Y si me faltan cinco segundos? Demasiado en juego. Podía matar a mi hija de hambre, o quizá hacer que le explotase el estómago rebosante de leche. Así que yo, que soy muy responsable y me creo a pies juntillas lo que me diga un pediatra, me compré un señor cronómetro y en cuanto sacaba la teta me lo plantaba delante, vigilándolo de cerca. No sé si en esos momentos mi hija se sentía cual Usain Bolt corriendo la carrera de su vida o más bien como una norteamericana en un concurso de tragones de perritos calientes: «¡Traga, traga, traga, se te acaba el tiempo!».

Spoiler: la cosa no salió bien.

Cuando, aún con el infalible cronómetro, mi lactancia ya era mixta, me vio otra matrona. Se escandalizó al verme sacar el cronómetro tanto como algunas personas se escandalizan al ver a una madre sacarse la teta. Me lo hizo guardar y me sentí perdida en el abismo infinito del tiempo. Que nada de diez minutos, nada de cronometrar. Aquella mujer me enseñó de qué iba la lactancia meses después de nacer mi hija, pero ya llegaba tarde la ayuda y mi pequeña acabó engullendo biberones con tanta facilidad y alegría que decidí guardarme las tetas y el cronómetro lo empecé a utilizar en tareas en las que se sintió mucho más realizado.

6. La teta viajera

Adrenalina en la autopista

Hay gente a la que le gusta la velocidad en carretera, porque les sube la adrenalina. No tienen ni idea de lo que es eso.

Llevar media hora de viaje, que te falte otra media y tu bebé lleve diez minutos al borde de la histeria, cuando ya has agotado todas tus cartas... Eso sí que pone a mil. Pero te queda una carta, mamá... Lo sabes. No quieres verla, pero la solución está ahí: asomando por el borde de tu camisa.

Pues sí, se puede dar la teta en el coche, para las embarazadas o las suertudas que no lo hayáis necesitado. Y sin quitarse nadie el cinturón, ojo. Que muy legal igual no es, pero señor agente, los dos íbamos con cinturón. Que sí, que sí, que llegan: a cambio de un precio que viene en forma de dolor de costillas durante una semana.

A la próxima probaré a conducir yo. A ver si desde delante también me llega la teta hasta la boca implorante de mi bebé. Y sin apartar la vista de la carretera, ojo. Seguro que si lo consigo, me convalidan el título de Elastigirl, la mamá de Los Increíbles. Y es que, muchas veces, las mamás hacemos cosas verdaderamente increíbles. Recordadlo cuando se os clave la sillita del coche entre las costillas y no podáis respirar.

Dobles de riesgo

Una doble de riesgo es lo que tendría que buscarme para las escenas peligrosas de mi lactancia. Porque cuando en la tele te advierten con letra pequeña: «Atención, escena rodada por especialistas de cine, no intentar en casa», lo dicen en serio. Y quien dice en casa, dice en el coche, claro.

Volvíamos de un viaje largo y mi hijo apenas tenía unos meses, ¿qué podía salir mal? Contra toda evidencia científica, se puso a bramar mientras circulábamos por carretera. Un minuto, dos, una canción, otra... Nada. Suspiré, recordé la de veces que he pensado en apuntarme a yoga. O a pilates. Qué bien me hubiesen venido unas nociones básicas en ese momento. Calenté un poco para evitar lesiones musculares y allá que fui. Cinturón fuera, rodilla en el asiento, mano en la sillita, la otra mano en la ventanilla... Y mi hijo vio caerle del cielo una teta en la cara. Ya quisiera Tom Cruise. Imaginad por un momento la cara del padre de la criatura mirando a través del retrovisor. Es increíble la de facetas ocultas que nos hace sacar la lactancia, ¿verdad?

Desde aquel día, mi hijo de vez en cuando mira al cielo, a ver si se sigue obrando el milagro de la lluvia láctea. En cuanto a mí... Me he apuntado a varios campeonatos del Twister y no hay quien me gane.

La parada del autobús

Veía llegar el bus a lo lejos, pero mi hijo ya no aguantaba más. Ocho meses de pura histeria y desesperación porque quería (necesitaba) mamar ya. Con esa urgencia de bebé que vive en el presente inmediato. Y yo, con ese ataque de nervios que le puede coger a una madre en ese mismo presente en que oye llorando a su hijo más tiempo del soportable.

Pues eso, que no podíamos esperar a entrar dentro del bus o a uno de los dos le daba un parraque. Me saqué la teta en la parada y solo con olerla debió de oír hasta cantos celestiales, porque se calmó ipso facto. Entré al bus con mi hijo enganchado, pagué y... «Oh, ¿qué ha sido ese ruido? ¿Con quién hablas, mamá?» Un bebé cotilla (porque todos guardan a la vieja del visillo en su alma) se giró bruscamente a ver qué sucedía a sus espaldas. Uno tiene urgencia de teta hasta que lo urgente pasa a ser ver el vuelo de una mosca.

Y pensaréis que la anécdota que aquí se recoge es que me quedé con la teta fuera justo delante del conductor, a la altura de su cara. No seáis ingenuas, amigas. Lo realmente fascinante es regar con tu propia leche al conductor y no tirarte del autobús con el vehículo en marcha. No, no fue una gotita, ni un tímido salpicón. Lo regué como para que le saliese una planta en la cabeza.

El pobre hombre tenía más apuro por restarle importancia que por el hecho en sí. Su regreso a casa aquel día debió de ser fantástico: «Hoy ha sido un día genial, justo cuando estaba más aburrido, me he dado un baño de leche humana. Siento que tengo menos arrugas y todo, ya quisiera Cleopatra».

De compras

Quien se inventó las sillitas integradas en los carros de la compra quería ver el mundo arder y no encontró mejor manera.

¿Qué puede suceder si plantificas a la criatura en una sillita que va de cara a mamá? (en el hipotético caso en que mamá esté haciendo la compra, que sí, ¡que el otro progenitor existe!) ¿A la altura de sus tetas?

Cual caballo con la zanahoria delante, así iba mi hijo el día en que hicimos la gracia. Habíamos ido sin el porteo, así que le senté en esa maravilla de invento mientras ambos aplaudíamos la novedad.

El evento de reposición de víveres comenzó con normalidad, muy fluido. Hasta que mi hijo dejó de mirar estanterías y miró al frente, donde se encontró dos tetas botando justo a dos palmos de su cara.

La medida es importante, dos palmos, que no uno; dos palmos, que no unos pocos centímetros como en el porteo. ¿He comentado ya los dos palmos?

Ahí ya la cita empezó a torcerse, él sólo veía mis tetas y yo que el carro aún estaba medio vacío. Al final todas sabemos cómo acaban estas situaciones: poniendo a prueba, una vez más, la increíble elasticidad de una teta. Me cuentan esto con veinte años y no me lo creo.

Y así íbamos por una famosa cadena de supermercados (que no voy a nombrar porque no me pagan publicidad), con una teta desbocando la camiseta, un bebé inclinado hacia delante como si fuese en moto de carreras, cogiéndola a dos manos y chupando como podía. Curiosamente pese a lo incómodo de todo, iba contentísimo: había descubierto nueva pose para mamar y eso siempre es motivo de orgullo.

La anécdota podría acabar aquí, que ya de por sí tiene sustancia si imagináis la de gente que nos miró y el rebote que pilló en caja cuando le dije que había que guardarla para poder pagar, pero sé que el morbo nos puede, así que os contaré también que me crucé de esa guisa con la vecina. Sí, la vecina en singular, porque es esa señora que todas conocemos que opina sobre nuestra maternidad desde el día en que volvemos a casa aún con la maleta del hospital a cuestas. La que te dice que va muy fresco, muy abrigado, que tiene hambre, sueño, que está grande, pequeño, que si ya come, que si anda (porque, hija, siempre lo llevas ahí metido)... Pues se paró a saludarme mientras yo llevaba una teta fuera al límite de rajarse, inclinada sobre el manillar del carrito, con un bebé cogido a dos manos con todo el descaro del mundo.

No fue capaz de emitir juicio alguno. Sencillamente no pudo: se limitó a intentar seguir respirando con normalidad mientras pasaba su vista de uno a otro y forzaba una especie de sonrisa. Aquel día, pese a lo cómoda que iba, yo sí le sonreí de oreja a oreja.

¡Aborta misión, aborta misión!

Mi hijo ya tolera bien hacer viajes de casi una hora en coche. Ya son casi dos años y se notan, de verdad que todo llega. Pero, a veces, hay excepciones.

Aquel día estábamos agotados. Volvíamos de pasar toda la mañana en el monte, comer picnic y derretir al sol al menos un tercio de nuestra materia gris. Era la hora de la siesta y su cuerpo lo sabía. Pero no hay siesta sin teta, y eso también lo sabía mi cuerpo. A los diez minutos de empezar el viaje de vuelta, yo ya estaba haciendo malabares, contracturada y con un calambre para hacer llegar mi teta al asiento.

Aún estaba yo tratando de encontrar un hueco entre las desgraciadas costillas cuando el padre de la criatura empezó a chillar en susurros (sí, juro que se puede hacer) mientras seguía conduciendo. Levanté la cabeza corriendo para mirarle y en cuestión de un par de segundos tuve que barajar muchas opciones:

1. Se había pellizcado un huevo con la cremallera del pantalón. Por lo agudo de su voz, me parecía la más probable.

2. Le estaba dando algo. Opción muy peligrosa. Podía alcanzar el freno de mano, menos mal.

3. Estaba muy emocionado diciéndome repetidamente que mirase algún animalillo silvestre. Emocionado se le oía.

4. Por algún motivo imperioso que aún desconocía, tenía que arrancarle la teta de la boca a mi hijo casi dormido, con el consiguiente drama que supondría.

Cuando había repetido el mensaje unas diez veces en cuestión de cinco segundos, me pareció oír un «ponte bien, ponte bien, ponte bien», aunque podría haber pasado por el canto de un estornino. Siguiendo mis instintos y rezando por su cordura, arranqué de un tirón mi teta, la guardé y me recoloqué en mi asiento. Con la misma rigidez que una colegiala de un internado de monjas, pues algo me decía que la situación lo requería, me quedé mirando por la ventana tratando de no pensar en el trozo de pezón que debía estar masticando mi hijo en esos momentos. A los pocos segundos, una moto de la Guardia Civil nos adelantaba. Su piloto tuvo el tiempo suficiente para girarse y atravesarme con la mirada. Podía haberle dicho que las distracciones en carretera causan múltiples accidentes y que lo mejor sería que no desviase la vista de la carretera... Pero creo que no me encontraba en situación de darle lecciones de educación vial. Al final, pasó de largo. Y oye, ni una sonrisa ni un gesto de cabeza a modo de saludo. Nada.

Al final mi hijo solo consiguió dormir diez minutos y se pasó medio viaje entretenido entre la teta y el paisaje.

Aclaraciones finales: sí, me acordé de guardarme la teta cuando volví a mi asiento.

De famoseo

Hace unos cuantos años, cuando mi hija era todavía muy bebé, viajábamos a menudo a Barcelona en AVE. Cuando viajábamos las dos, prefería coger billete en primera para ir más amplias y poder acomodarme para darle de mamar.

En aquel viaje tuve la mala pata de tener acompañante, pese a todo. Sin embargo, una azafata muy amable me indicó que había unos asientos libres porque, al parecer, su dueño no se había personado en el tren. Agradecida a la azafata y a mi buena suerte, me fui para allá con la peque y no tardamos ni cinco minutos en espachurrarnos, ocupando los dos asientos, y allí que me saqué la teta.

Cuando se dice que los asientos son más cómodos, es que lo son de verdad. No sé cuánto rato pasó pero nos habíamos quedado las dos totalmente dormidas. Hasta que alguien me llamó, con ese tono de voz característico de no saber muy bien cómo iniciar una conversación con una desconocida que duerme plácidamente con una teta fuera:

—Oye... Disculpa...

Abrí los ojos intentando ganar dignidad a más velocidad de la que mi cuerpo me permitía. Lo que me encontré delante no me ayudó, y lo que me dijo, tampoco:

—Es que este es mi asiento... Debe de haber habido algún error.

Con las prisas por levantarme, disculparme y salir por patas, ya no sé si me guardé la teta. Acababa de usurparle el asiento del tren a uno de los actores más de moda de aquel momento, uno de esos que siempre está en la tele, ya sea protagonizando una serie o presentando un concurso de talentos. Dormida. Con una teta fuera.

En busca de delincuentes

A mi bebé y a mí se nos había hecho de noche por el mundo. Cogimos el coche para volver a casa pero ella estaba tan agotada que pronto empezó a bramar sin consuelo, así que, como ya intenté que mi teta llegase al asiento de atrás y me faltan unos pocos centímetros de elasticidad, tuve que parar en el primer sitio que pude a darle de mamar.

Ese primer sitio fue en la cuneta, en una rotonda. Nada que hiciera sospechar sobre actividades delictivas ni cosas por el estilo. Un coche tirado al lado de una rotonda con las luces apagadas, ¿qué había de siniestro en ello?

Cuando llevábamos un rato de calma, vi que se acercaba un coche de la Guardia Civil. Y yo pensando: «Mira qué majos, vienen a ver si me ha pasado algo...».

La pareja se acerca a mi coche, linterna en mano, y se ponen a iluminarnos. Yo en ese momento ya casi me veía siendo víctima de un interrogatorio chungo, con torturas incluidas. Pero sucedió algo más sorprendente si cabe: después de ver que «solo» se trataba de una madre amamantando a un bebé, en una cuneta, sola, en plena noche... Apagaron sus linternas y se fueron por donde habían venido. ¿Hola? ¿Tanto costaba pronunciar esa palabra? ¡Hola! Ya ni me planteo el esfuerzo sobrehumano de preguntarme si necesitaba algo. Igual tenían miedo a que les pidiese un masajito en los pies. O peor, que durmiesen a la criatura, que nos habían dado las tantas y no había manera.

Pues nada, que les vi más cohibidos que si me hubiesen pillado practicando sexo salvaje con Chris Hemsworth. Posiblemente, si hubiese sido así, nos hubieran echado la bronca por parar ahí el coche. O le hubieran pedido un *selfie*. O ambas cosas.

Amén

Hacía un calor de mil demonios (¿será esta la expresión más acertada para este relato?). A la sombra se podía freír un huevo. El caso es que nos habían invitado a una de esas comuniones ineludibles de la familia. No soy precisamente creyente, por lo que todas estas cuestiones de la Iglesia quedan fuera del alcance de mis dominios, más terrenales. Y dentro de lo terrenal entra que tu hija de siete u ocho meses tenga unas tremendas ganas de mamar a la hora de la ceremonia. No íbamos a entrar a la iglesia, esa era la realidad. Pero puedo asegurar que, si me saco la teta, con ese sol, en plena calle, acabo con quemaduras de tercer grado. Así que allá que fui, para dentro. Como una buena feligresa, me senté con mi niña en un banco sin hacer mucho ruido y me saqué la teta. Sí. Saqué mi teta en la casa del Señor, ahí donde, según lo puritanos que sean sus regentes, te mirarán mal por ir en tirantes enseñando hombros...

En defensa de los allí presentes, diré que nadie dijo nada al respecto. Quizá en medio de toda la perorata y múltiples «amén» me perdí algún improperio, nunca lo sabré. Pero qué fresquita se estaba allí dentro, joder.

Como colofón a aquel maravilloso evento, fuimos a comer al restaurante de mayor prestigio de la localidad. Mi hija se estaba iniciando en la alimentación complementaria con el método del *baby led weaning*. Allí, rodeada de personas bien vestidas y acostumbradas a que los bebés se coman su papillita, mi hija dibujó un Picasso que abarcaba media sala.

Evidentemente, también me saqué la teta en el restaurante. ¿Todavía a su edad? Todavía.

Han pasado ya años de todo aquello y a día de hoy creo que me siguen pitando los oídos.

De incógnito

Mis bebés ya son padres, así que os voy a contar una historia que tiene ya unas cuantas décadas, casi cuarenta años han pasado. Qué alegría me da ver ahora a las madres dando de mamar donde les da la gana, cuando sus bebés les piden. Aquí y ahora, una se saca la teta y la criatura a comer. Qué fácil parece, pero qué difícil nos lo ponían a las que ahora somos las abuelas...

Ya de por sí, di el pecho bastante tiempo para lo que se solía dar entonces. Ocho meses de lactancia que se acabaron porque el médico me dijo que le estaba contagiando a mi hijo la amigdalitis a través de la leche. Estas cosas ahora tampoco os las dicen los médicos, ¿no?

Pues cuando los bebés se van haciendo mayores, reclaman lo que quieren y necesitan en ese momento y a ellos les da igual si la gente te va a mirar mal o bien, o dónde estás. Y eso me pasó a mí, un día que fui al mercado con mi madre y mi hijo. Cogió tal berrinche que creo que no hubo persona en todo el mercado que no le oyese. Había que darle teta sí o sí; como tardase cinco minutos más, me lo veía arrancándome la ropa a tiras y dejándome con el atuendo de Tarzán. Así que allá fue mi madre, con esos andares de madre que va a solucionarle un problema a su hija, y se planta delante del puesto de un vendedor, sin yo saber muy bien si pretendía atracarlo para entretener al niño con un cargamento de sujetadores o qué. Un minuto tardó en conseguirme para mí sola una sala de lactancia de esas que tenéis ahora: el buen hombre nos acompañó a su furgoneta y allí nos dejó, para que pudiese sacarme la teta en intimidad y no la fuese enseñando por todo el mercado.

En otras ocasiones, iba preparada para dar de mamar en público y me llevaba mi pañuelo detrás. Envuelta en todo aquello, nadie le veía mamar... Pero yo lo sentía. Más bien sentía sus dientes. Eso era un método de tortura medieval, porque claro, no ibas a estar con gente pegando gritos de gorrino cada vez que te mordía, y él, que no se enteraba de que me estaba desgraciando, se lo tomaba como un juego... Es que ahí debajo del pañuelo sin ver nada tenía que aburrirse por narices. ¿Y qué era lo único que tenía a mano para jugar?

Os contaré que me falta un trozo de dedo (no, no se lo comió mi hijo en un día de estos que tardaba más de la cuenta en darle teta), pero no sé como no me falta también un cacho de teta con los bocados que me llevé con la historia de taparle con el pañuelo. Aprovechad ahora que podéis, ¡y sacaos la teta dónde y cómo os dé la gana! ¡A no ser que os apetezca ver por dentro la furgoneta de un vendedor del mercado!

Tetaventura

Quién me iba a decir al principio de la lactancia que meses más tarde iría dando el pecho por todos los paisajes de nuestra geografía.

Esos comienzos, en que el bebé parece no estar nunca en la posición perfecta, a ti te faltan manos para colocarlo, cogerte la teta y medio tapar las vistas a todas las visitas inoportunas que quieren ver el show. De pronto, no te has dado ni cuenta y has subido de nivel. Eres una experta profesional del tetazo exprés, te da igual dónde, cuándo y con quién: un movimiento raudo y veloz, y la teta que estaba envuelta en tres jerséis, un abrigo, una mochila de porteo y un bebé pegado, está en la boca del susodicho. ¡Magia! Nadie sabe cómo ni en qué momento ha llegado ahí. Si los carteristas fueran tan rápidos como una madre de nivel experto sacando una teta, podrían construir un nuevo Las Vegas con monedas de céntimo.

Así pues, el porteo me ha facilitado dar de mamar en todo tipo de escenarios: cual cierva alimentando a su cervatillo en la montaña, como una sirena glamurosamente rebozada de arena en la playa (mi bebé confirma que ahí se traga mucha arena y se sobrepasa la cantidad diaria de sal recomendada), por las calles de pueblos y ciudades haciendo turismo con un look casual de pecho al viento en unas cuantas fotos. Porque claro, la foto dando de mamar por el mundo es preciosa, pero recordad que si tenéis bebés curiosos, lo primero que harán es soltar la teta para mirar a la foto... Así que, si tenéis unos cuantos megapíxeles en vuestra cámara, quizá capturéis el fantástico momento en que regasteis la cara de vuestro hijo, la de vuestro acompañante, o simplemente el lugar visitado... Yo estoy segura de que los árboles de ciertos bosques que frecuento están creciendo más frondosos gracias al altruismo de mi retoño, que se empeña en que los riegue cada vez que vamos.

Tetanalgesia

Ir a las vacunas a mí me supone un trauma. Soy de esas madres que casi lloran más que sus bebés... Sí, pero porque me empeño en hacer tetanalgesia y mi criatura, desde que tiene dientes, descarga toda su ira en mí.

Yo veo la aguja y tiemblo. Y cuando la enfermera me dice: «Hala, siéntate ahí... Y dale la teta», ya se me asoma la lágrima. Socorro. Sé que me va a doler a mí más que a ella. Me dolerá en el alma y un poco más hacia afuera, así por todo el pezón... Como si una criatura herida apretase los dientes contra él intentando sobreponerse. «¿Pero te ha mordido?»

oigo de fondo que me preguntan, mientras yo intento hacer un viaje astral lejos de mi teta. No, qué va. Es que empatizo tanto con ella que mi dolor es físico.

Cuando era recién nacida, ya quedó patente que lo de la tetanalgesia no iba a ser nuestro fuerte. Al menos durante el pinchazo, que después es magia. A una madre joven y primeriza que aún sentía bastante apuro sacándose la teta en público, se sumó un chico joven y novato haciendo prácticas de enfermería pediátrica. Y ahí estaba la señora enfermera, explicándole que yo me iba a sacar la teta para hacer tetanalgesia, y él extasiado mirando, súper intrigado con todo el procedimiento. Vale, todo por mi bebé. Pero mi bebé no estaba por la labor... Todo era digno de ser mirado, así que se soltó un buen puñado de veces y yo perseguí su cabeza con la teta en la mano otras tantas. Os juro que acabé roja, sudada, temblando, y que mi hija se volvió a soltar justo en el momento en que la pinchaban. Salí tan rápido de la consulta que, cuando ya estaba en la calle, oí al chico gritándome, y es que me había dejado hasta el cambiador portátil. Un público verdaderamente amable, sin duda.

Copaternidad

Lo más insólito de aquel momento he de decir que no fue el lugar, que también, sino las formas.

Cada año, por nuestro aniversario, mi marido y yo vamos al castillo en que nos conocimos, y esta vez éramos uno más. Para llegar al castillo, hay tal cantidad de cuestas imposibles que yo me planteo subir a la próxima con una bombona de oxígeno, por lo que, muy elegantemente, cedí el honor de portear al pequeño a su padre. Hale, os regalo tiempo de calidad padre-hijo. Nos vemos arriba, ¡buena suerte!

Una vez arriba, con un bebé frenético que quería verlo todo, un padre no demasiado cianótico y una madre que aquel día había decidido arreglarse un poco por primera vez en muchos meses (ya sabéis, eso de sencilla pero formal), ofrecíamos una bella estampa digna de *selfie* con los muros de ese imponente castillo como escenario. Hasta que el bebé en cuestión empezó a señalar mi escote con insistencia. Mucha.

A ver, que quitarse el porteo y volvérselo a poner es sencillo, sí. Pero cabía la posibilidad de que luego pidiese que le llevara yo, y ahí toca regular tirantes y todo... Además, tampoco había ningún lugar donde sentarme a darle el pecho tranquila... Así que vi evidente la solución.

Como quien no quiere la cosa, le pasé a mi hombre un brazo por el cuello, muy zalamera. Le acaricié, le sonreí, me vine arriba y me saqué una teta. «Toma hijo, toma, ¡que hay cámaras!». Adiós, romance; ahora tenemos otras prioridades.

El padre de la criatura casi se cae de culo de la risa al mirar hacia abajo y encontrarse a un bebé que acariciaba su pecho mientras mamaba de mí y le miraba a él a los ojos. «¡Mira, cariño, estoy dando de mamar!». Y es que, en esta casa, somos un tanto extremos hasta para llevar a cabo una verdadera cocrianza de los hijos. ¿Cuántos padres pueden presumir de haber dado de mamar? Y que salga leche, que chuperretearles la tetilla no cuenta, que os veo venir. Pocos, muy pocos.

El spa de la maternidad

Cuando me convertí en madre, sabía que ciertos placeres de la vida iban a tener que posponerse una temporada, pero ya volverían. En muy poco tiempo me di cuenta de que mis expectativas eran demasiado altas cuando me decía a mí misma que era una temporada dura que pasaría, refiriéndome a no poder salir de cena o tomarme una copa de vino. No tenía ni idea de que lo que más iba a anhelar era poder sentarme en el váter sola y tranquila. Oh, qué momento, el Trono de Porcelana solemne ante mí...

Sin embargo, me tocó aprender a hacer acompañada la mayoría de cosas. Ahí fue cuando me dije que igual el vino tenía que seguir esperando, pero me había ganado una buena sesión de spa... Para dos. Así que llené la bañera, cogí a mi retoño, que ya por aquel entonces era como una pequeña culebrilla que se apañaba bastante bien para alcanzar sus metas, y nos metimos dentro.

Mi hijo no se creía aquello: emergiendo del agua como dos imponentes submarinos, sus dos preciadas tetas se mostraban suculentas. Adiós a mi idea de baño relajante; una pequeña anguila se agitó desesperada hasta hacer ventosa en la teta. Sabe a jabón. Rodilla en la ingle, pie en la costilla, arañazo en la clavícula, tirón de pelos... Y llega a la otra teta. Sabe a jabón.

Mi spa quedó reducido a unas cuantas contusiones que podría clasificar como masaje Shiatsu extremo, unos cuantos gritos de mi hijo indignado por el sabor a jabón, que ejercieron de música ambiente y unos tonificantes manotazos en el pecho para que solucionara el sabor a jabón y le diese lo antes posible de mamar, porque de tanto verme desnuda su necesidad se había vuelto acuciante.

Así es como una sale de un baño más cansada de lo que entró. Al menos tuve suerte y no salí más sucia. Y eso, bañándome con un bebé de meses, ya es una gran victoria.

Pero mira cómo beben los peces en el río

Soy mamá de un bebé en el cielo y mi leche ha alimentado a muchos bebés en la Tierra. Ahora es cuando estáis todas impactadas y no entendéis cómo una madre en duelo puede contar una historia de humor en un libro como este.

Cuando nació mi hijo, decidí no tomar la pastilla para evitar la subida de la leche y comenzar un precioso recorrido como donante de leche materna. Mi cuerpo, sin haber conocido la succión de un bebé, adaptó su producción de leche a otros estímulos... Y aquí empieza mi comedia. Porque sí, incluso mi lactancia en duelo tiene momentos de muchas risas.

Al donar leche, has de tomar unas medidas de higiene altísimas para comenzar a extraerte. Todo el mundo histérico con las medidas de seguridad de la pandemia y yo haciéndolo años antes cada vez que me saco una teta; soy toda una visionaria. El caso es que, dentro de todo el protocolo a seguir para garantizar que ni la NASA encuentre una sola partícula fuera de lugar en mi leche, destaca un sonido: el agua, para lavarme las manos a conciencia.

La mayoría de madres que dan el pecho refieren subidones de leche si oyen a su bebé llorar (incluso a cualquier otro). Mis tetas se ponen tontorronas al oír el agua correr. Podéis pensar: «Bueno, es el estímulo que ha aprendido el cuerpo». Pero ahora seguid imaginando las situaciones rocambolescas que he vivido con mi reflejo de eyección...

¿Que nos vamos de paseo a la montaña y hay un riachuelo? ¡Bum, subidón de leche! ¿Que pasamos la mañana en un lago con cascada? ¡Hasta la camiseta mojada! Así que imaginad la explosión láctea que supone ir a la playa...!

¡Ese relajante sonido de las olas del mar es un redoble de tambores llamando a la acción de mis glándulas mamarias!

Así que, en alguna ocasión, no he podido más y, en plena naturaleza con algún pecho a punto de estallar, me he puesto a regar de leche un río. Así, bella, poderosa y natural, conectada con el planeta, el cosmos... «¿¡Pero qué estás haciendo, Rigoberta!? ¡Que como pase ahora alguien y te vea...!».

Ese que grita de fondo en mi momento de éxtasis divino es mi marido. Por lo visto no cree que la visión de una mujer lanzando chorros de leche al río resulte muy normal al común de las personas. En cambio, nadie se cuestiona nada cuando un hombre hace sus necesidades en un huerto de naranjos. Manda narices. Él podría regar con ácido las plantas y no pasa nada. Cuando veáis que el pescado que habéis comprado está inusualmente sabroso, acordaos de mí. Seguro que me lo agradecéis.

Aclaraciones finales: no, no me llamo Rigoberta.

Bienvenida a la escuela

Quizá no es el sitio más singular del mundo pero sí era uno de los que hubiese preferido evitar.

Mi hija empezaba el cole, y tocaba la famosa reunión de inicio de curso. Yo que me pongo toda mona, me siento en primera fila, saco libreta y boli... Sí, estaba tan atacada como una adolescente que va a empezar el instituto.

No llevábamos ni diez minutos de reunión cuando a mi peque le dio igual lo concentrada y elegante que estuviese su madre y me sacó una teta. Me puse a acariciarle el pelo y fingí seguir concentrada.

La maestra me sonrió abiertamente y la miró con dulzura. Bien, menos mal. Las madres... Pues estuvieron entretenidas, desde luego. No había casi ningún otro retoño en la sala, así que se lo podían permitir. Hubo quien rió y hubo quien nos miró como si acabásemos de bajar de una nave espacial. La del planeta Teta.

Al final acabé con una criatura dormida, colgando de la teta, el resto de la reunión. Y sí, seguimos con la teta durante todo el curso.

Disfrutando del comer y del cagar

Si hay algo que desaparece con la maternidad es la intimidad. Al principio crees que es porque es recién nacido, que es cuestión de un par de meses que todo se estabilice y puedas recuperar esos momentos tan tuyos y que tanto te gusta terminar como, por ejemplo, comer sin un bebé haciendo de barrera entre tu plato y tu boca, o cagar en soledad para filosofar sobre los orígenes de la humanidad. Sí: cagar, así, con todas sus letras.

Cierto es que lo de comer en paz, o algo parecido, se recupera antes. Básicamente porque a partir de los seis meses tu bebé también come. El truco para comer tranquila es dejarle comer solo y no mirar al suelo hasta que tú hayas terminado. A mí me funciona. Si encima tienes perro, igual hay suerte y cuando acabes ni siquiera tienes que limpiar nada. Seguro que el inventor de los robots aspiradores no tenía perros en su familia.

Pero retomando aquellos tiernos e intensos días en que intentaba comer algo con un recién nacido dormido en la teta... Sí, yo también le llené la cabeza de migas a mi bebé. Y pasé miedo comiendo platos de cuchara. Y le manché la ropa de salsa de tomate. Básicamente, hubo muchos días en que mi hijo acabó peor que mi servilleta. Así que tranquilidad, y cuando le caiga un espagueti en la cabeza a tu bebé piensa que otra mamá está ahora mismo lidiando con manchas de tomate y aceite del precioso conjuntito que le tejió la abuela a mano a su nieta.

Y después de comer y digerir lo comido... ¿Creías que estarías sola? Lo de ser mamá veinticuatro horas significa exactamente eso, veinticuatro. Con todos sus minutos y segundos. Y esto, compañeras, no va de unos meses y lo sabéis. Mi hijo tiene un radar. En cuanto desaparezco para ir al baño, da igual lo entretenido que estuviese con su padre. De pronto se oye un «mamá...» por el pasillo y sé que estoy perdida.

Aparecen en el baño, si es que había conseguido entrar sin ellos. Creo que si cerrase con llave, sacaría una ganzúa y en menos de dos segundos lo tendría en la teta colgado. Yo no sé si es la altura del váter, la posición o que les aburre ver a mamá haciendo caca (y mira que es todo un espectáculo para ellos y ellas), pero es sorprendente la de veces que doy teta cagando. No tiene una suficiente con lidiar con el estreñimiento, la hemorroide y que se ha acabado el papel, como para encima estar con el chup-chup de la teta. *Multitasking* de lo más completo, desde luego.

Y aún con todo este panorama, consigo hacer caca. Entonces mi hijo suelta la teta, se ríe, me aplaude, grita: «¡Caca!», me intenta levantar a empujones para ver mi obra de arte. El concepto de intimidad seguro que es un invento de los resorts de lujo para atraer a madres esperanzadas por, al menos, cagar en solitario.

8. ¡Pasen y vean!

¡Paquete de Amazon!

Qué expresión tan conocida, ¿verdad? Tanto, tanto... Que es muy familiar. Y ya se sabe que con la familia no hay secretos.

Me paso las mañanas con una o dos tetas fuera (y porque no tengo más, que si no las llevaba al aire también); la realidad es que me paso el día entero con las camisetas del pijama desbocadas y una teta asomando, siempre preparada para pasar a la acción en el momento más inesperado. De hecho, me sorprende más llevarlas guardadas que llevarlas por fuera. Esa maravilla de aspecto de cualquier mujer en el posparto: en pijama o chándal cuyas partes no combinan, manchada de leche, con un moño revuelto en lo alto de la cabeza, ojeras, arrastrando los pies... Y, como iba diciendo, la teta fuera.

Aquel día llegó el cargamento de pañales mensuales que pedimos por Amazon y yo estaba demasiado acostumbrada ya al exhibicionismo doméstico. Por la cara del repartidor, él no estaba tan acostumbrado. Recogí mi paquete, di mis datos y no comprendí por qué aquel chaval se largó tan apurado y solo me miraba de soslayo. Cuando cerré la puerta y me vi en el espejo de la entrada, comprendí al instante que habíamos mantenido toda la conversación con mi teta fuera sin un bebé en brazos que justificara la estampa.

Pero... ¿mama o no mama?

Los inicios son apasionantes, sobre todo vividos desde fuera, ¿eh? ¡Qué divertido todo! Y con esto de la lactancia no iba a ser menos.

Cuando viene todo el mundo a visitarte (perdón, a conocer al bebé) al hospital, tú ya has dejado de ser persona. Da igual si es tu primer hijo o el vigésimo, que de pronto ya no tienes necesidades, pudor... Que sí, que lo mejor es acostumbrarse pronto, porque la realidad es esta: ¡se te acabó el derecho a la vergüenza!

Aunque no hayas hecho *topless* en tu vida, aunque jamás hayas llevado escote; tu vida ahora transcurrirá con las tetas al aire si has decidido dar de mamar. Eso implica que las llevarás al viento sin importar quién haya delante cada vez que tu bebé te reclame, incluso delante de las personas con las que jamás hubieses pensado hacer topless. Eso es, tu suegro.

Pues bien, no tenía ya suficiente con lo mío, recién parida y con bastantes problemas para lograr un buen agarre, ya que mi peque tenía retrognatia, como para tener a mi suegro respirándome en el cogote, mirándome la teta, preguntando cada tres segundos: «¿Pero se coge, o no se coge?». Tierra, trágame y escúpeme en el Caribe, para que al menos me coja color. O mejor: trágatelos a todos y que nos dejen dar de mamar en paz... ¡O, al menos, intentarlo!

¡Invita la casa!

Cuando pasas unas horas sin ver a tu bebé lactante y no lactante, te invade una inmensa felicidad en el reencuentro; la diferencia es que cuando estás dando de mamar, chorreas leche de la emoción.

Llevaba unas horas sin ver a mi hijo y nos reencontramos en un restaurante al que acudimos con unos familiares a comer. Mi hijo quiso teta antes de comer y yo le di encantada, porque además las notaba cargadas después de las horas que había pasado lejos de mi pequeño exprimidor. Empezó a mamar con ganas, llegó el camarero y... «¡Oh! ¿qué decís por ahí? ¡Necesito enterarme!». Mi hijo se giró muy entusiasmado y dio paso al cóctel de bienvenida, que su padre pudo degustar en exclusiva al llevarse un chorrazo de leche en toda la cara desde el otro lado de la mesa.

Y así es como una comida normal y corriente se convierte en una degustación de lácteos ecológicos con show en vivo, pues con las carcajadas de la mesa no se enteró solo el allí presente camarero, sino todas las mesas de alrededor.

Mientras tanto, a mi bebé ya se le había olvidado la teta, la conversación adulta y el chorrazo de leche perdida y jugueteaba con lo que tuviese a mano. «Tanto revuelo por un chorrito de nada, si es que estos adultos se entretienen con cualquier cosa», debía de pensar mientras seguía con la mirada a una minúscula mosca que volaba de aquí a allá.

Conciliación familiar

Si hay una característica esencial en cuanto al teletrabajo en la pandemia son las reuniones de Zoom. Qué maravilla, qué familiar es todo; ver a tu jefe con camisa y fantasear sobre si lleva o no pantalones mientras todo el equipo está reunido no tiene precio. Te pasas las reuniones viendo las casas de tus compañeros y compañeras, alguien de la familia que pasa por detrás... Pero a ti también te ven.

Y justo en eso estás pensando cuando oyes una vocecita que se acerca canturreando. Viene, va, coge un juguete, corre por el salón. Hasta que se agota, y quiere un ratito a su mamá, que está muy aburrida en el ordenador tanto rato.

Sí, esa era mi hija, acercándose a mí imparable, con una arrebatadora sonrisa que presagiaba lo peor. Hice muecas disimuladas, le hablé por telepatía, traté de teletransportarme a un lugar seguro, pero nada la disuadió. Ahí, en plena reunión, apareció esplendorosa mi teta, porque mi niña tiene una habilidad y maestría ya para sacarla que ni Houdini.

Y así es como funciona la teta a demanda: una especie de barra libre que, cuando los bebés alcanzan un mínimo de autonomía, se convierte en autoservicio. Y en parte tiene su lado bueno, no te tienes que preocupar por nada, se sirven solos si utilizas ropa medianamente fácil de quitar... Aunque ello conlleve que en más de una ocasión aparezca en escena una teta curiosa, deseosa de ver mundo... Incluso si estás firmando la paz mundial, un cheque multimillonario o jugándote los ahorros en la bolsa.

Derrames inesperados

Cuando nació mi hija, tuve una sobreproducción importante, aunque me sentí súper afortunada al no tener problemas de agarre, ni grietas, heridas... Fue un inicio muy bueno. Como tenía mucha leche y además mis pezones estaban sensibles, utilicé unas conchas como colectores e iba almacenando la leche que caía, al mismo tiempo que evitaba roces. Un chollo, vamos. Si no fuera porque de vez en cuando se me olvidaba que las conchas llevan unos agujeritos para que la piel respire...

En esas estaba yo, con mis felices pezones ventilados y mis conchas rebosantes de fresca leche que ni siquiera notaba que estaba ahí... Hasta que me agaché. Encima de mi suegro.

Podría haberme inventado alguna propiedad milagrosa de la leche (que seguro que la tiene) para mejorar la circulación de las piernas, o para hidratar la piel y devolverle a sus veinte años. Quizá podría haberle dicho que le había visto una manchita en el pantalón y había leído que la leche materna es un potente quitamanchas. Pero en vez de optar por todo ello, me reí. Mucho. Después olvidé la vergüenza que me dio, porque eso mismo acabé haciéndoselo a mi padre. Hale, así estaban en paz los consuegros. No vaya a enterarse uno de que le he mejorado la circulación al otro a base de rociarlo en leche y se me ponga celoso.

Un café relajado

Hay criaturas que antes de dormir se ponen muy intensas. Y si tienen que dormir en medio de la calle, se van a poner igual de intensas. A mí me pilló en la cafetería.

Mi hija no se queda dulce y plácidamente dormida enganchada a mi pecho, no. Ella necesita tener las dos tetas al alcance e ir saltando de una a otra en cuestión de segundos, hasta que al final cae rendida. O borracha de leche. O simplemente con tanto salto pilla un colocón del quince. Así que allá donde el sueño le pille con la guardia baja, empiezan los brincos entre tetas, rebotando como en un *pinball*. Y supongo que no hace falta que aclare que cuando suelta una, la otra se queda al viento, que así la leche sale más fresca, casi con sabor a monte.

Como decía, aquel día me pilló desprevenida en una cafetería. ¿Y qué hacer cuando te quedas desnuda de cintura para arriba en un local donde el resto de personas van bastante más vestidas que tú? Pues beber café. Pero con tacita y pulgar levantado, bien aristócrata. Así, si alguien viene a inmortalizarte porque estás para un cuadro, sales bien *influencer*. Ya imagino mi cuadro en los mejores museos. Tetas fuera, café en mano.

Cara impasiva, mirando al horizonte infinito, viendo mucho más allá que el resto de mortales mientras mi hija vaga de una teta a la otra. El título sería algo así como «Aquí sufriendo, tomándonos un café con leche».

Tours de primerizas

Tenía mi hija tres meses la primera vez que se puso enferma. Como buenas primerizas, corrimos a urgencias al borde del infarto con una criatura demasiado pequeña para tener fiebre y que nosotras pudiéramos gestionarlo emocionalmente. Joder, que aún estaba en garantía.

 Llegamos a triaje y en seguida me pidió teta, y ahí mismo le tomaron la temperatura y nos hicieron la entrevista típica sobre síntomas y cuestiones mundanas sobre virus, bacterias y advenedizos. Al poco, llegó el celador que nos tenía que acompañar hasta la sala de pediatría y con cara extraña me preguntó si iba a ir así, y tuve que hacer acopio de toda mi serenidad, cual monje tibetano, para no estallar y darle una lección sobre feminismo, maternidad, normalización de la lactancia materna, cosificación de las mujeres y un largo etcétera. Me limité a decirle con la cabeza bien alta que por supuesto iba a ir así hasta la consulta, no necesitaba una silla de ruedas ni nada por el estilo para desplazarme por el mundo dando de mamar. Después de haber regado a asistentes de conciertos, viandantes anónimos, sendas naturales y urbes asfaltadas, tenía suficiente pericia para caminar por un pasillo.

Una vez llegamos allí, las pediatras la miraron divertidas y entonces me di cuenta de un pequeño detalle: por lo visto, hacía un rato que a mi hija le parecía más interesante el trajín del ámbito hospitalario y estaba colgando boca abajo admirando el panorama. Tras ella, mi teta relucía orgullosa y rebosante, mostrándose al mundo sin pudores (ni motivos aparentes). Probablemente desde que abandonamos triaje. La voz del celador preguntándome «¿vas a ir así?» volvió a mi mente y cobró todo el sentido que hacía unos minutos no le había encontrado. A ver si se creen los repartidores de Amazon que solo ellos ven tetas porque sí.

Notas finales aclaratorias: sí, aunque a quien no haya dado de mamar le resulte difícil de creer que puedas ir con una teta al aire sin darte cuenta, sucede. Y mucho. Llega un punto en que tienes el pezón tan anestesiado y babeado que no sabes si tu bebé está enganchado o no lo está. Eso pasa mientras son peques y maman flojito. Tranquilas: cuando tienen un par de años (o más) ya es fácilmente identificable cuándo están enganchados y cuándo no.

9. En vez de teta es tetina

Museo de la tetina

Mucho se habla de lo complicadas que empiezan algunas lactancias maternas. Bueno, de hecho la mía se complicó tanto que duró una semana, pero eso es otra historia. A lo que voy es que los inicios con el biberón pueden ser más complicados que montar un mueble del Ikea sin las instrucciones.

Porque una no sabe a lo que se enfrenta hasta que se planta delante de su criatura con un biberón, de esos que te vienen de muestra en las canastillas, y entonces te lo escupe y te lanza una maldición. Entonces dices: «Uy, este no le gusta», y bajas a la farmacia corriendo a por otro. Y te vienes arriba. Coges el más caro, de más marca entre las marcas, último modelo *trending topic* entre los bebés de las *influencers* del momento. Este es el bueno. Llegas a casa, lo esterilizas (ojo, que esto también es todo un mundo...) o le echas un agüilla al menos, y se lo das, triunfante.

Qué gritos. No puede ser, si es EL biberón... Pues ese tan recomendado y caro tampoco le gusta a tu criatura.

Ya está claro, traga aire. Le compras el biberón anticólicos que te recomienda la farmacéutica. «Este no falla nunca». Se nota que no conoce a mi hija...

Al final, acabé comprando tal suministro de biberones de tantas formas, tamaños, colores y grosores que acerté con el que le gustaba. Para entonces, yo ya estaba diseñando las entradas para venir a disfrutar del Museo de la Tetina que había abastecido con tanto mimo y que ya había desplazado parte de la vajilla para hacerse hueco.

Estoy empezando a plantearme usar biberones cuando se rompan los vasos. Algo habrá que hacer con ellos. Si no se me ocurre nada mejor a lo largo del próximo año, los donaré a la NASA, que igual en alguna expedición les vienen bien; la mayoría son anticólicos, se evitarán los pedos espaciales. ¿Sonarán los pedos en el espacio?

Le vas a dar pecho, ¿no?

La de vueltas que da la vida para estar contando mi historia en un libro sobre lactancia sin ni siquiera ser madre. Bueno, sin serlo a niveles prácticos y/u oficiales, porque las FIV que llevo hechas vienen cargaditas de sentimiento materno... No es algo que a una le apetezca hacer una buena mañana en vez de ir a clase de yoga: «Hoy hace un día perfecto para empezar a pincharme por todas partes y hormonarme lo suficiente como para llorar con los créditos de Titanic!» no suena a planazo. Pero esa también es otra historia...

Mi futura maternidad viene de la mano de un biberón. O dos o tres. ¿Cuántos se supone que debo comprar? No es que haya decidido dar el biberón sin más, que es una opción, sino que no puedo dar pecho por incompatibilidad con mi medicación de por vida. Así que, simplemente, la teta no es una opción. Intenté convencer a mi médico para pasar unos meses más sin pastillas (porque si en nueve meses de embarazo no pasa nada, por unos meses más... ¿porfi, porfi?) pero le vi demasiado tentado de plantarse en el paritorio para darme la pastilla nada más asomase la cabeza de mi bebé. Lo curioso es encontrarte con un montón de personas que han vivido en una cueva desde los orígenes de la humanidad y cuando te preguntan que si vas a dar el pecho (¿para qué preguntan si solo esperan una respuesta afirmativa?) y contestas que no...

¡Ay, escándalo!

«¿¡Pero qué le vas a dar entonces a la criatura!?»

Os juro que me lo han preguntado. Cada día estoy más tentada de responder que aún dudo entre un bocata de jamón (ibérico, de bellota, a mi bebé solo cosas de calidad), o algo más *gourmet*, como unas cigalas al whisky sobre crema de marisco. Vaya, este último lleva alcohol, igual no les parece muy adecuado, tendré que consultar más opciones.

Mi madre nos dio teta a mi hermano y a mí y él es un flojo: virus que ve, virus que coge. Así que seguro que a mi bebé le sentará mejor el jamón de lo que le sentó a mi hermano la teta. Perdón, el biberón, quería decir.

Espesito, espesito

La gran ventaja de la lactancia artificial es que puede ser compartida con el otro progenitor. Aunque eso implique que los dos estéis agotados y no funcionen las neuronas de ninguno de los dos cerebros como deberían.

Aquella tarde, estaba yo atareada cuando al peque le entró hambre. Ya éramos semiexpertos en eso del biberón, pues rondaba el medio año. Sin embargo, eso no implica que el padre de mi criatura fuese menos despistado.

La cuestión es que yo oía a mi hijo medio lloroso, a su padre renegando y soplando... Así que me hice la sorda. Lo solucionarán. Vamos, papi, tú puedes. No es tan difícil. No voy a ir. No. «Cariño...». Mierda.

Me personé en el lugar de los hechos cual salvadora que todo lo soluciona con tan solo arrimar mi aura. Mi marido, ofuscado, resoplaba y me decía celoso e indignado que no podía darle el biberón, que el niño no quería comer si no estaba con su madre.

En algunos casos, sé a ciencia cierta que esto es así. Pero mi hijo con un biberón delante no tenía miramientos ni escrúpulos, así que algo no encajaba. Escruté la cara de mi cachorro, rojo de ira, que a esas alturas planeaba el asesinato de su padre. Miré el biberón. Seguí mirando el biberón. Levanté una ceja; luego la otra. Miré a mi marido. Qué, ¿estáis intrigadas o exasperadas?

Levanto ceremoniosamente el biberón. Sabiendo lo que iba a suceder, lo vuelco sobre mi mano... Y aquello era tal cemento armado que no iba a salir por la tetina ni aunque le pusieran una ventosa de las de desatascar desagües. «¿Pero cómo puede ser, si yo le he puesto la cantidad de polvos que tocaba?» fue lo que exclamó el incrédulo padre. Alma de cántaro, le echaste cereales en vez de leche en polvo.

Al día siguiente de los hechos, compré una maquinita de esas para etiquetar y he rotulado la casa entera. Le he puesto pegatinas hasta en la ropa para que no la pierda. A la de mi marido, claro.

A mí esto no me va

Cuando tienes a tu primera hija y además deseas darle el pecho, estás informada y preparada, lo último que te esperas es que sea ella quien acaba cambiándote por un biberón... Porque le da grima tu teta. Sí, sí, no lo voy a maquillar. A mi hija le ponía una teta delante y se le hacía de noche. Qué arcadas, qué gestos.

Yo empeñada en que mamase y ella era meterse la teta en la boca y no poder remediar una arcada detrás de otra. Y oye, una se ducha, huele bien, no tengo pústulas ni nada similar en el pecho... Vamos, dos tetas como todas las demás que hay por aquí, pero a mi hija no le gustaron. A veces me planteo si de mayor se hará vegana y en esos momentos pensaba: «Uf, mamá, yo lo intento, pero esto es como lo que dicen de Matrix, que todo sabe a pollo, y ya me sugestiono y... ¡¡Puaj!! Lo siento, ¡no es por ti, es por mí!».

Total, que al final me dije que igual prefería una tetina artificial, así que empezamos con los biberones y era verlos y aplaudir. Mi cara era un poema... ¿En serio estás aplaudiendo al miserable biberón que no se ha esforzado en nada y yo aquí haciendo malabares con las tetas fuera y por poco me abucheas?

Misterios de la vida. Me guardé las tetas, compré un cargamento de leche en polvo y jamás supe por qué el pecho le creaba tanto rechazo.

Aclaraciones finales: os juro que mi pecho no es de color verde, ni tiene pinchos, ni susurra cosas raras por la noche.

Biberón hasta la universidad

No, lo cierto es que tanto, tanto, no se alargó el biberón de mi hija, pero me apostaría algo a que estuvo tentada.

Nuestra lactancia materna fue muy breve, se la cargó un pediatra de los noventa en la famosa crisis de los tres meses (que he aprendido ahora al ser abuela que existe). Fue algo así como: «¡Rápido, la niña llora porque te has quedado sin leche de un disgusto (era verídico que me lo había llevado), dale un biberón!» Y yo, obediente, salí pitando a la farmacia a por leche de fórmula mientras oía de fondo «¡¡Corre Forest, corre!!», sintiendo que la vida de mi hija dependía de ello.

Por lo tanto, su relación con el biberón empezó pronto y se hicieron muy amigos. Demasiado. Pasaron los suficientes años como para que mi hija sonara cual despertador por las mañanas al grito de guerra de: «¡Mamáááá, el biberóóóóón!» ¡Buenos días, hija! Años despertándome así. Parecía tener espíritu militar, no había día en que cambiara de frase, o al menos el orden de las palabras, nada.

Tampoco era viable cambiar el maltrecho biberón porque ella misma lo había adaptado a las exigencias de su cuerpo mucho más grande y fuerte. A base de hincar diente, le había hecho tal agujero a la tetina que cabía un tráiler. Y así, aunque la leche se la bebiera ya hasta con ColaCao, salía con un caudal que ni las cataratas del Niágara (ya, ya, mucho azúcar, recordemos que eran los noventa y por aquel entonces como mucho te decían que no bebiesen alcohol).

Al final, sin mucho drama, dejó el biberón. Mi pequeño gran bebé se había «destetinado» por fin, pero eso vino acompañado de una crisis existencial: «¿Qué le chillo yo ahora a mi madre?» Al día siguiente, lo vio claro: «¡¡Mamááa, la leche!!».

Pues sí, las mamás somos la leche. Esta frase sí que se mantuvo, de vez en cuando y para regocijo de ambas, hasta la universidad.

¿Me tomas el pelo?

La lactancia mixta es realmente complicada. Bueno, puedes disfrutar de las ventajas de ambos tipos de lactancia, pero al mismo tiempo se pueden dar situaciones curiosas. Casi de cámara oculta.

Siempre he sido bastante vergonzosa, así que me daba apuro dar de mamar fuera de casa. Si sabía que sí o sí tendría que mamar fuera, me extraía leche y le daba biberón. Pero además le complementaba la toma con fórmula, por lo que llevaba otro biberón. Aquel día nos íbamos a comer a un restaurante. Me llevé mi maletín cargado de arsenal para la ocasión y cuando nos sentamos, procedí al despliegue de medios. Ya de por sí, la mesa repleta de botes, bolsitas, biberones y tetinas era curiosa, teniendo solo un bebé delante. Pero la cara del camarero que nos atendió fue todo un regalo. Solo necesitó una frase para cortocircuitar totalmente:

—Por favor, ¿puedes traerme un vaso con agua caliente y un vaso con hielos?

Creo que la explosión de su cabeza estuvo al nivel del *big bang*. Durante unos segundos, fue incapaz de moverse ni articular sonido alguno, pero por el arco que iban haciendo sus cejas, deduje que se recuperaría.

Así pues, calenté la bolsita de leche materna en el vaso caliente y enfrié un poco el biberón de leche artificial en el vaso con hielos. Pero estoy segura de que ya lo habíais deducido y no se os había quedado la cara del camarero, ¿verdad?

Con nocturnidad y alevosía

Los inicios de la lactancia artificial son un engorro. Tienes un bebé diminuto que, de pronto, exige comer de madrugada y te toca preparar el elixir de los dioses en tiempo récord, sin derramar, sin mucho ruido, sin equivocarte en temperaturas y cantidades. Pero sobre todo, sin dormirte de pie ni tragarte una columna de camino.

Como esa segunda parte me estaba resultando un poco complicada, pasé al modo premium de la preparación de biberones. Ya hacía unas noches que habíamos desterrado al papá de la cama (hay que ver si pueden llegar a molestar cuando respiran plácidamente mientras duermen y tú estás despierta desde hace horas), así que teníamos algo de hueco extra en la cama. En seguida convertí su lado en toda una sala de operaciones y entre botes, termos, polvos, tetinas… Conseguí organizar la secuencia perfecta para preparar el biberón sin mover un pelo. Y lo confieso, muchas veces sin abrir un ojo.

No, no mojé la cama ni se generó ningún tipo de catástrofe natural en el colchón. Sí, yo aún lo pienso y también alucino. Por cierto, no os preocupéis, conforme pasa el tiempo y los bebés van durmiendo más (y nosotras también), el ansia asesina por ver a otro adulto dormir y respirar plácidamente se va pasando. Podrán volver a la cama algún día sin molestaros. Si vuestra criatura le deja.

Clases de buceo

Los inicios de la alimentación complementaria son pringosos y sucios, lo hagas como lo hagas. Si empiezas a darle papillas, aún es más pringoso si cabe, por lo que es fácil que se ensucie cualquier cosa en un perímetro de dos o tres metros.

Mi hija iba alternando una papilla con su biberón aquel día. Como era de esperar, la tetina pasó a convertirse en un cúmulo de grumos pastoso enseguida, por lo que le di el biberón al padre de la criatura para limpiarlo y nosotras seguimos con la papilla. Al momento, vi por el rabillo del ojo que dejaba el biberón y cuando mi hija me lo pidió, puse el piloto automático con la vista fija en la tele.

Ahí fue cuando en una fracción de segundo, convertí el comedor en una improvisada piscina para el aprendizaje de buceo: el señor papá no había puesto la tetina de nuevo.

El drama fue de capítulo final de telenovela. Mi hija oscilaba entre el estupor, miedo, rabia y un desesperado intento por no morir ahogada bajo una catarata doméstica. Yo, medio llorando y flagelándome la espalda, le pedía mil perdones y la secaba. El padre, que levanta la vista para preguntar: «¿Qué haces?». No sé cómo no acabé en la cárcel ese día, porque mira que se lo rifó.

La explicación, increíblemente lógica y satisfactoria, en la que cualquiera vería un argumento aplastante e irrefutable, fue que había dejado la tetina para lavar, porque estaba sucia. ¿Quién se atreve a cuestionar esto, eh?

Como conclusión, os diré que más vale tetina sucia en biberón que ciento en el fregadero. Que comer con la tele es muy malo y yo lo experimenté muchos años antes de que nos lo dijeran los expertos (sí, mi hija ya es mayor y dice no guardarme rencor porque no se acuerda). Y que todas, todas las madres del mundo nos despistamos en algún momento de la vida y seguimos siendo la mejor madre de nuestros hijos e hijas. Incluso podemos regalarles experiencias de aventura como el bautismo de buceo, desde la comodidad del hogar.

10. Cuando las tetas se guardan

Dos bocados

No necesité argumento más convincente que ese para comprender que hasta ahí llegaba nuestra lactancia. Dos enormes mordiscos de piraña asesina de los pantanos.

No tenía en mente el destete, me gustaba mucho amamantar a mi bebé, que ya se acercaba al año. Pero aquello me pilló totalmente desprevenida... Así, sin preámbulos, sin mucha ceremonia, sin que yo pudiera tirar de mindfulness, ¡zas! Llegó el primer bocado una noche que imaginaba más plácida. Grité más en ese momento que en el paritorio.

Llegó la mañana siguiente, me levanté optimista, creyendo que aquello había sido un ligero fallo técnico y mi bebé seguía prefiriendo el sabor de la leche al de la sangre. Auch. Me dolió más el alma que el pezón (¡lo de no morder la mano que te da de comer debería ser aplicable a la teta!). Miré aquella cara regordeta y me recordé que la lactancia acaba cuando deja de ser placentera para una de las dos partes. Y sin más ceremonia, aquella noche ya dormía después de zamparse un buen biberón. ¡Al menos a la tetina no le dolerían los mordiscos!

Cuando sea mayor

La mía es la historia de una de esas lactancias que llaman prolongada, aunque, a juzgar por las intenciones que llevaba mi hijo, a él no le ha parecido tan extensa.

Cuando llevas dando de mamar más de tres años y le preguntas a tu hijo si tiene intención de dejar la tetita algún día, no piensas tan a largo plazo como para estar preparada para su respuesta. «Cuando sea tan grande como el tío Hermenegildo» podría ser válido si su tío fuese más joven que él. O al menos fuese bajito. Pero si Hermenegildo es un tiarrón de casi treinta años y cerca de dos metros, la cosa ya cambia. (Nótese que Hermenegildo es un seudónimo para preservar la intimidad de los protagonistas. Desde aquí mando un saludo a todos los Hermenegildos que estén ahora mismo leyendo el libro).

Como casi me da un patatús y necesitaba tiempo para digerir la respuesta, no ahondé más en la conversación, no fuera a llevarme alguna revelación aún más escalofriante. Tanto fue así, que un año después seguía dando teta. De vez en cuando, recordaba la conversación y me decía: «¿A que cumple sus propósitos?». Al final, el covid me echó un cable para destetarlo, regalándome guardias de veinticuatro horas en el hospital. Como ya no podía mamar todas las noches, un día le recordé que la teta no era necesaria para seguir durmiendo juntos abrazados. «Vale, mamá».

¿En serio? ¿Ya está? ¿Tan convincente soy? ¿Han pasado ya veinticinco años, yo no me he enterado, y era su momento previsto para el destete?

Fui corriendo al espejo, no me vi más arrugada y seguía sin canas. Vale, no habían pasado más años de los que creía. Qué susto.

Se le olvidó mamar

Cuando son bebés parece imposible creer que algún día podrían destetarse solos, pero sí, sucede. De pronto van haciendo cada vez menos tomas y un día se dan cuenta de que llevan dos días sin catar teta. O tres.

Mi hija intentó volver a mamar después de unos cuantos días en que había pasado olímpicamente de la teta. Su sorpresa (y la mía) fue que al intentar engancharse... Se le había olvidado cómo. Sí, tal cual. Años mamando y en unos días había olvidado mamar (o sea, que el reflejo de succión la había abandonado sin miramientos ni sentimentalismos).

Ella intentó hacer como si todo fuese normal. Yo me la quedé mirando con una ceja levantada y la boca medio abierta. Al final tuve que preguntarle:

—¿Qué haces?

Y lo preguntaba en serio.

Después de unos cuantos extraños movimientos más con la lengua, soltó la teta y me miró extrañada.

—Mamá, no sale leche.

Pero, hija mía, con esa exhibición de gimnasia facial digna del Cirque du soleil, ¿pretendías sacar algo? Acobardada tenía a la teta. Del pezón ya ni hablo, que estaba el pobre agitando la bandera blanca desesperadamente y me duele recordarle en esas horas tan bajas. Al final, le pregunté lo que me estaba temiendo.

—¿Se te ha olvidado cómo se mama?

Se encogió de hombros y me dijo que sí. En su lugar yo también estaría tan confusa como cuando en el embarazo encontré el mando de la tele en el congelador. ¿Cómo me ha podido suceder esto?

Pues sí, mamar no es como ir en bici, se olvida en dos días cuando ya tienes edad para poder olvidarlo. Quizá es el mecanismo de defensa definitivo de nuestras criaturas contra aquellas que aseguramos que mantendremos la teta hasta que vaya a la universidad.

La Seca

Los destetes naturales se suelen hacer de forma progresiva. Eso quiere decir poquito a poco. Evidentemente es un término que puede resultar un tanto objetivo si tenemos en cuenta que cada persona va a una velocidad diferente por la vida.

Mi hijo se ha tomado tan en serio el término «progresivo» que primero ha dejado una teta y ya más adelante dejará la otra.

No sé en qué momento la abandonó. Todo comenzó con ir catando breves chupitos de una teta para pasarse corriendo a la otra. Como si ya no tuviera la misma gracia chupar esa teta. Tal fue mi desasosiego viendo cómo mi pobre teta era rechazada por sistema que me hice una revisión por si le había pasado algo malo.

Pero no. Mi teta, cada vez más mustia, acabó en el olvido, sin más. Alguna vez, tiempo después, aún ha probado a mamar de ella, pero solo ha servido para que le ponga sobrenombre. Ahora es La Seca. Para lo que ha quedado, la pobre. Ella, que antes destilaba leche como si se hubiera reventado una cañería, ahora es tachada de seca. Ella, que ha regado incontables sábanas y camisetas. La Seca.

Así, como dato curioso, las tetas protagonistas de este destete progresivo son las mismas que en el relato *Teta de día, teta de noche.* Por si tenéis curiosidad o pocas ganas de elucubrar al respecto, la teta exiliada de la lactancia ha sido la teta de día. Tiene sentido cuando comprendes que aquel bebé sigue siendo un animal nocturno que ya ha dejado de mamar por el día casi por completo y su instinto chupaleches sale a relucir las noches de luna llena. Y nueva. Por no hablar de las noches de luna creciente o las de menguante...

Ahora que solo queda una teta en nuestra lactancia, mi hijo parece tener claro que debe mantenerla contenta para no perderla. La agasaja con cumplidos tales como «mi tetita redondita, suave y cariñosa» antes de comérsela como quien se embute el primer polvorón de la Navidad casi hasta con envoltorio. Mientras tanto, La Seca lo vive todo desde la mezcla entre la resignación y el profundo descanso reparador de saberse ya invisible a unos ojillos infantiles que hasta hace unos meses la veneraban.

Nota de la autora: Aún me pregunto cómo una teta puede ser cariñosa, a veces ese adjetivo me inquieta. ¿Salen dos pequeñas manos cuando no miro y le acarician el pelo? ¿Acaso le susurra nanas mientras mama para dormir? Al final, siempre llego a la misma conclusión: mi hijo todavía no se ha dado cuenta de que ese ser cariñoso que le mima cuando mama es su madre. ¡Menuda decepción cuando se entere!

Fluctuaciones en la demanda

Como hemos podido ver en episodios anteriores, el destete natural es progresivo y cada uno entiende ese término como le da la gana.

A mi hija le gustan las montañas rusas, así que mi día a día es un camino nada lineal hacia el momento en que guarde mis tetas definitivamente, plagado de adrenalina, giros inesperados y subidas y bajadas abruptas.

Pueden pasar tres días en que mi pequeña parece haberse olvidado por completo de la existencia de la teta porque tiene demasiadas cosas que hacer y mucha prisa por comerse el mundo. Otras veces, necesita buchitos del elixir de la vida para poder continuar su conquista del planeta, por lo que viene de forma intermitente a mamar cinco segundos, los suficientes para sentir una subida de leche que luego queda en el olvido (para ella, yo me acuerdo de la madre que la parió cuando noto que me estallan las tetas). También existen días en que el espíritu le pide llevar una vida más sosegada y puede pasarse más de una hora enganchada a la teta, como uno de esos pececillos que limpian los cristales de las peceras, y yo me quedo con la sensación de globo pinchado al final de la jornada.

Y en medio de todo ese caos, trato de sobrevivir entre sentimientos encontrados, con la melancolía de no saber cuándo será la última vez que dé de mamar a mi ya-no-bebé y la loca necesidad de destetarla de una vez por todas. Ríete tú de los cambios de humor hormonales en el embarazo o de las mastitis de los inicios.

Os dejo, que estoy escondida en el baño esquivando una boca succionadora grande y con todos los dientes, al mismo tiempo que veo nuestros *selfies* de teta y se me cae la lagrimita pensando que ya echo de menos darle de mamar.

11. La belleza de lo cotidiano

Compartiendo sabe mejor

Por el título podrías pensar que esta es una historia de lactancia en tándem, pero no fue así exactamente...

Muchas veces mi marido chinchaba a nuestro hijo preguntándole si le dejaba la tetita. La respuesta obvia era que no. Seguro que hubiese sido algo así como «búscate tus propias tetas y a mí no me marees, que estas dos son mías». Hasta que, una tarde que estábamos los tres en la cama muy relajados, algo cambió.

Mi hijo debió verle cara de muerto de hambre a su papá, o quizá ese día mi leche estaba especialmente rica; puede que, simplemente, aquel día no la pidió. Así que le miró a los ojos, le cogió la cabeza con sus manitas y lo llevó a la teta que estaba libre. Esto, en idioma de abuela, se traduciría como «come, hijo, que estás en los huesos». Para que luego digan que a los hijos únicos les cuesta compartir: ahí estaba él repartiendo su preciado elixir de la vida con papá. Y ahí estaba yo, debajo de ellos, muerta de amor y de risa.

Sesión de belleza

No sé muy bien si describir a mi hija como una criatura que ya apunta maneras a ser una gurú de la cosmética o simplemente es marrana como ella sola.

Sé que a muchas mamás les pasa que, si el bebé se aparta justo cuando hay más caudal de leche, sale a chorro como para poder apagar incendios. Hay bebés que se atragantan, bebés que se apartan, bebés que maman pletóricos porque ¡oh, maravilla! han perforado un pozo de petróleo... Y luego está mi hija, que suelta la teta y pone la cara, feliz, empapándose en leche todo el rostro cual reina de Egipto.

No sé qué es lo que le pasa por la cabeza en esos momentos, pero verla con los ojos cerrados, riendo y dejando caer los chorros por toda su cara es un auténtico espectáculo. A veces me planteo que ha leído algún artículo sobre los beneficios de la leche materna para el cutis. Luego recuerdo que no sabe leer y lo descarto. Lo que sí tengo claro es que aún no ha aprendido eso de que con la comida no se juega. ¡Alegría y despilfarro! ¡Con lo que me cuesta fabricarla!

Sacaleches profesional

La lactancia en tándem es agotadora a la par que preciosa; todo un desafío físico y mental que en muchas ocasiones puede derivar en ganas desmedidas de comprar un billete de avión sin retorno a alguna isla paradisíaca. Luego sabes que te acordarías de tus cachorros y te volverías a nado por ellos, y eso cansa más que el tándem seguro, así que se te pasa.

Pero resulta que también tiene una parte muy buena. Los inicios. Bueno vale, no pinta muy relajado y reparador estar recién parida, produciendo más leche que una vaca y sin dormir ni una hora seguida con dos criaturas chupando del bote, pero el tándem me ahorró algo de lo que no me libré en mi primera lactancia: enchufarme al sacaleches para vaciar un poco.

A estas alturas de mi currículum lactante, tengo claro que a más succión, mayor producción, lo sé. Pero es que mis niveles de producción siempre han sido tan estratosféricos que ninguno de mis dos hijos ha podido hacerle frente los primeros meses de vida. Por ello, en mi primera lactancia me vaciaba un poquito cuando creía que se me iba a desgarrar la piel y mi teta iba a rebotar contra una pared, o cuando mi hijo intentaba enganchar el pezón y era como si tratase de darle un mordisco a una sandía.

Sin embargo, con el pequeño fue diferente. Cuando no me vaciaba el pecho, o cuando no podía ni engancharse, solo tenía que llamar a mi hijo mayor. Después de mamar en seco medio embarazo, y descubrir que de pronto mis tetas eran como fuentes, se puso ebrio de leche. No era necesario ni acabar la frase; era oír el tono con el que le llamaba y ya venía preparándose como un profesional, calentando musculatura facial, concentrado, dispuesto a ejecutar su trabajo con presteza, de forma impecable. «Ya aprenderás», le decía a su hermanito. Ya tendrían que aprender los fabricantes de sacaleches, pensaba yo.

¿Qué teta quieres?

Todas. Entendería que mi hija me diese esta respuesta si yo fuera, por ejemplo, una gata. Pero para mi cuerpo humano, ese «todas» suena a una cantidad difícil de alcanzar. Y claro, las madres y nuestras autoexigencias... Si mi hija las quiere todas ¡yo debería tener «todas»! Pero por más que me esfuerzo mentalmente, no me brotan más pechos.

Luego me paro a reflexionar (ojo, que todo este proceso no dura más de un par de segundos, que yo soy muy rápida pensando) y le espeto que si ella solo puede meterse una en la boca, ¿para qué las quiere «todas». «Para ir cambiando, mamá». Ah. Eso lo explica todo, se trata de una cata.

A veces, si estamos en casa relajadas, le concedo ese deseo y me saco todas mis tetas. Al rato suspiro, pensando en quién me manda hacerle caso, mientras ella salta de la una a la otra y vuelta a empezar (por si os he sembrado alguna duda, solo tengo dos, sí). Y no creáis que la teta libre se libra, valga la redundancia. Creo que no hay emisora de radio que no haya encontrado sintonizándome el pezón. Creo que incluso ha localizado por radio a algún pescador noruego... Pero como le habla con la teta en la boca, no acabo de pillar el acento, no me preguntéis qué le cuenta. Quizá se queja de que su madre solo tenga dos tetas y eso, para una cata, es verdaderamente poco.

Pedorretas de leche

Si hay algo que a la inmensa mayoría de criaturas les gusta es hacer marranadas. Además, a los bebés también les encanta practicar nuevos sonidos y gestos con la boca. Si juntamos ambas aficiones, con una teta por en medio, la fiesta está asegurada.

Todo un festival de babas, leche, risas y ruidos extraños empieza justo en el momento en que pensaba que la lactancia se había vuelto un remanso de paz. Pasados esos primeros meses durísimos en que no se engancha, ahora se engancha pero mal, ahora no quiere, ahora quiere demasiado... Mi bebé le ha pillado el truco a esto y de pronto las tomas van como la seda. Pero claro, hay quien dice que en esta vida todo tiene un precio, y mi hijo se aburría de mamar tan bien, así que mejor buscar nuevas emociones más intensas con una teta en la boca.

Las primeras veces que hizo pedorretas creo que no supo ni cómo. Pero le parecieron una verdadera obra de arte. Pocos intentos necesitó para convertir la cama, mi cuerpo y su cara en un auténtico festival, totalmente fuera de control. Era tal su éxtasis, que si le preguntasen al respecto (y pudiera responder), seguramente diría que tiene lagunas sobre aquel día...

Había tantas gotitas de leche salpicadas a nuestro alrededor que parecía una *holy party* monocolor. Fue casi poético. Artístico incluso. Mirad si somos diosas, que podemos crear arte con nuestra leche. Con nuestros mini becarios, todo es posible.

Dedos letales

Las criaturas son curiosas por naturaleza, eso ya lo sabemos. Y mamar obliga a permanecer un tiempo indeterminado en un lugar quieto (bueno, a permanecer en un lugar, sin más). Es, por tanto, del todo respetable y lógico que busquen algún entretenimiento cercano en que invertir su tiempo y desfogar su ansia por conocer...

Hasta que ese algo es tu propia cara.

En serio, ¿por qué? ¿Por qué mi pequeño monito adorable tiene que jugar con todos los orificios de mi cara mientras mama?

A veces pienso que me pone a prueba, a ver si estoy atenta: ¡Dedo en el ojo! Haber estado mirando... ¡Pie en la boca! No haber bostezado... ¡Nariz agarrada! Haberte puesto mascarilla... Ah, no, que pertenecemos al mismo grupo burbuja, perdona, mamá.

Ese momento en que nos miramos fijamente, en que parecemos vernos el alma. Ese momento íntimo, intenso, mágico... Ese breve destello de lucidez que hace que cierre el ojo a tiempo porque mi hijo ha lanzado su índice contra él con una precisión de cirujano. ¡¿No se supone que aún les cuesta coordinar los movimientos de las manos?!

Conforme vino la magia, se fue. Mi hijo va intentando hurgar en cada agujero de mi cara con la misma seriedad con la que yo pelaría una gamba con cuchillo y tenedor. Aún no le he sacado el dedo de mi nariz que ya lo noto en el tímpano. Imparable y letal. Intuyo que los fabricantes de PCRs pasaron muchas horas de su vida observando bebés con sus madres.

La teta alienígena

¡La teta es salud! ¡La teta protege contra infecciones respiratorias!

Lo cierto es que mi hijo apenas se ha puesto enfermo en su vida, así que imagino que la teta tendrá mucho que ver. Sin embargo, no es una medicina infalible y algún constipado se le escapa, como era de esperar.

Pero una cosa es que te lo cuenten y otra vivir en primera persona un constipado con la teta por en medio. Mi teta. Y sus mocos. En mi teta.

Ya te dicen las pediatras que antes de mamar les des un manguerazo de suero en la nariz, que mamarán mejor. La orquesta que puede montar una criatura que mama con mocos es bastante bizarra, pero hay veces que no me he dado cuenta de la cantidad de mocos que tenía hasta que se ha enganchado y empieza la música celestial. Para ese momento, ya no hay quien le suelte de la teta y comienza toda una lucha por la supervivencia: rotaciones de cabeza a un lado y al otro, sorbidas de mocos, bocanadas de aire por la comisura aguantando la teta por el otro lado... No sé si practica para un curso intensivo de buceo o de un momento a otro me susurrará: «Yo soy tu hijo».

Pero la cumbre del evento la alcanza cuando, de un momento a otro y sin preparación psicológica previa, me estornuda en la teta, a veces incluso sin soltarla... Hasta que la mira y la ve llena de mocos... Entonces sí que la suelta. La mira raro. Hasta que la señala y me mira a mí, casi pidiéndome explicaciones sobre qué le ha pasado a mi (su) teta. Para entonces yo sigo mirándola, verde, pegajosa, pensando en si los mocos servirán como crema hidratante.

Los misterios del colecho

Dicen que el colecho facilita la lactancia materna y su duración en el tiempo. A mí me parece que es evidente el motivo y no hacía falta ningún estudio para demostrarlo. Sencillamente, el colecho garantiza la supervivencia de la madre zombie. Y si estás viva, pues puedes seguir dando teta. Y si llevas un tiempo haciendo colecho, hay noches en que ni siquiera sabes muy bien cómo ha sucedido todo.

En ocasiones, voy a sacarme una teta porque mi hijo me reclama y me sorprendo porque ya estaba fuera. ¿Cuándo? ¿Cómo? Y, sobre todo, ¿cómo he pasado a no notar en pleno enero que llevo una teta fuera?

Otras veces me despierto sin que nadie me reclame (yo no sé cómo dormirán el resto de colechadoras, pero cuando mi hijo duerme casi de tirón yo sigo despertándome veinte veces a comprobar que sigue ahí y no le falta ninguna pieza) y nadie me reclama, pero porque mágicamente está enganchado a una teta, los dos de lado en posición perfecta, sin tener ni idea de cómo hemos llegado a todo eso sin despertar. A menos que la dormida solo fuese yo y de poco me sirva vigilar veinte veces al cachorro si luego se despierta y yo he caído en una especie de coma.

Y luego ya hay noches que me confirman que me puede caer un piano encima y no enterarme si en ese momento estoy bien dormida y no comprobando piezas de bebé. Hace poco, el padre de la criatura vino a dormir y muy sabiamente cogió su almohada y se fue. Según mis fuentes, yo era una cosa aplastada en medio de la cama con un niño subido encima de mí, con una teta en la boca y más dormido todavía que yo. Huelga decir que no supe de qué me hablaban, ni recuerdo despertar así en ningún momento de la noche ni nada.

Igual tiene un poco o mucho que ver que venimos de familia de sonámbulos... ¡Zombie party!

Merienda sana y equilibrada

¿Cuántas veces nos preocupamos porque nuestros hijos e hijas se alimenten correctamente? ¡Que coman sano y equilibrado! ¡Sin azúcar ni procesados! ¡Plato Harvard! ¡Comida ecológica!

Pues bien, estas cosas acaban calando hondo y un día te encuentras con grandes resultados, como cuando mi hijo me dio una lección maravillosa sobre cómo organizar una merienda súper completa y realfooder, como diría Carlos Ríos.

Paso número uno: abrir un plátano. Una pieza de fruta maravillosa que no falta en la dieta de casi nadie.

Paso número dos: sentarse a comerte el plátano a horcajadas de mamá. Bueno, igual no es la posición más anatómica del mundo, pero hay libertad de movimiento por si se atraganta y, al menos, está sentado.

Paso número 3: comenzar a comer el plátano, alternando con chupitos de teta. Importante tragar primero el plátano y soltar la teta con besito sonoro, que es lo que ayuda a paladear la mezcla en su máximo esplendor.

Paso número 4: recordar que además de la fruta y el lácteo sería ideal tomar hidratos de carbono, por lo que se repite la jugada con un trozo de pan.

Y a ver quién puede decir que eso no son formas de merendar... Hay quien tiene un vaso de leche, y hay quien tiene dos tetas de leche. Matices. Lo que sí es realmente importante es recordarle a la criatura que los mordiscos se dan al pan y no a la teta. A veces un cerebro ocupado y hambriento puede confundir el orden de los factores... Y en este caso sí altera el producto o, al menos, a la madre que se lleve un mordisco.

Amuletos para concentrarse

Hay quien necesita tocar ciertos objetos antes de una actuación, otros llevan guardado un amuleto para un examen y hay gente que para concentrarse en el váter se pone a leer un buen libro. O uno malo. O a hacer crucigramas. Bueno, hoy en día hay de todo para entretenerte en el baño... Desde canastas de básquet, minigolfs e incluso pianos de pies. Está todo inventado.

Y como cada cual es libre de tener los rituales que le parezca para ir al baño, mi hija no iba a ser menos. Que su entretenimiento para cagar fuese subirse encima de mí a tomar teta mientras yo hablaba con una amiga por teléfono son minucias. Así que ahí estaba yo, siendo defecada por una criatura que antes se ahogaba empujando para tirarse un pedo que soltaba mi teta, escuchando una banda sonora sutil pero cargada de matices y tratando de no perder el hilo de la conversación.

Mucho se lee, se oye y se comenta que la teta lo es todo: alimento, refugio, paz, analgesia, amor... Bueno, pues que sepáis a partir de hoy que también puede funcionar como laxante. O como minigolf de inodoro, lo que prefiráis.

De modales exquisitos

Mi hijo es de los que ya se sirven solos la teta cuando le apetece. Quizá a su madre, portadora de las sagradas tetas, se le olvida de vez en cuando avisarla de algún modo, algo así como: «Hola, mamá, vengo a sacarte una teta y mamar un poquito, ¿te viene bien en este momento?», pero a las tetas las lleva en bandeja de plata.

Él viene, elige una, se engancha... Y cuando se quiere cambiar de teta, a mí no me lo cuenta, pero a la teta casi le pide hasta disculpas por cambiarla por la otra. Se despide de ella. La acaricia. Hasta alguna vez le ha mandado besos cual marine en el andén. Yo sé que un niño de teta adora a su teta... Pero estos niveles de amor son verdaderamente intensos.

También tienen sus altibajos, no todo va de idilios de recién casados. En las noches en que se desvela y busca cobijo en una teta para volver con Morfeo, no toda teta vale. La otra noche le oí olfatear en la penumbra decidiendo qué teta coger. Y como le ofreciese la que no quería, la afrenta era grave. Menos mal que a la mañana siguiente hicieron las paces y se dieron arrumacos, porque ya me veía con una teta plana y otra de tres kilos.

Siempre productiva

Nunca he sido muy propensa a la *slow life* por más que me fascine el concepto. Sin embargo, parece que desde que soy madre la necesidad por hacer más y más cosas productivas se ha vuelto la reina entre las pobres neuronas que me quedaron tras la poda neural del embarazo.

Que la teoría nos la sabemos creo que es un hecho generalizado. La carga mental, la culpa materna, cuidarse para poder cuidar... Así, como mantra que imprimir en un cartelito minimalista del Canva y colocar en un lugar visible de la entrada de casa en un marco del Ikea. Divino.

Ahora, dime que me tumbe un rato a mirar el techo y disfrutar de no hacer nada y los tics comenzarán a invadir mi cuerpo hasta que el baile del Aserejé se me quede corto. No puedo, humanamente me resulta imposible.

Sin embargo, ahí están nuestras criaturas, siempre dispuestas a ayudar en todo, incluso si hay que obligarnos a parar.

Mi hijo me pidió teta al mediodía, cosa ya rara. Entre semana, con cansancio ya acumulado y una noche previa regular. Todo apuntaba a siesta inminente, por lo que mi cerebro multitarea ya estaba dando palmas pensando en todas las tareas pendientes que podría finiquitar en el tiempo que durase ese espejismo de calma y silencio. Sin embargo, las hormonas tan simpáticas involucradas en la lactancia tenían otros planes para mí, y tal fue la modorra que me entró que me dormí antes que mi retoño.

Me desperté una hora y pico después cual náufrago que se descubre en una isla desierta. Mi criatura seguía aferrada a la teta, con toda la cara llena de babas hasta la oreja. Yo también había babeado lo mío, para demostrar con hechos empíricos hasta qué punto mi encefalograma había bajado hasta los mínimos aceptables para un forense.

Aquella tarde fui tremendamente improductiva, según el duendecillo de mi ansiedad. Y, en voz muy bajita, diré que me sentó de maravilla, aunque a mi agenda no. No hay mejor somnífero que la lactancia materna, incluso cuando no te emborrachas tú misma de leche.

Encerando suelos

Cuando una tiene un bebé, redescubre lo bonito que era poder ir al váter cuando sentía la llamada del trono de porcelana. Creo que es una de las cosas que menos valoramos antes de tener un hijo y de las más codiciadas a partir de su segundo día de vida. Cuestión de prioridades, ya nos lo dijo la pirámide de Maslow: las necesidades fisiológicas, primero.

En un momento concreto de la vida con bebé encuentras La Oportunidad: corre al baño, apenas tienes un par de minutos. Sin embargo, por más que tu habilidad de sigilo suba niveles cada día, no siempre salen las cosas como habías previsto y la mayoría de bebés nos implantan una pulsera invisible de arresto domiciliario que pita si nos alejamos más de metro y medio.

Así pues, aquel día mi hija recibió el aviso divino que anunciaba que su madre estaba en el váter sin ella. De pronto, sonaron megáfonos que anunciaban en bucle la tan alta traición y ella bramó, como es normal. Mis tetas, fieles a ella, comenzaron a chorrear leche. Cuando digo chorrear, quiero decir que ni poniendo las manos debajo se contenía aquello. Antes de morir ahogada en leche como si mi cuarto de baño fuese un camarote del Titanic, me encaramé al lavabo y dejé fluir los chorros, esperando que en unos segundos se detuviera el flujo y poder acudir a consolar a mi hija (que estaba siendo atendida por su otra madre, que conste). Pero aquello no cesaba, parecía un milagro de los de la Biblia, así que recogí mis fuentes del brebaje de la eterna juventud y me dirigí épica hacia la habitación dejando un reguero por todo el pasillo. Seguro que la leche materna también tiene beneficios para el mantenimiento de superficies.

No obstante, mi trayectoria como enceradora ya es casi mítica. También hidrato personas, no me importa si son desconocidas o hay algún grado de confianza establecido. Mi hija nació con frenillo corto y eso me regaló una sobreproducción nada desdeñable que no se fue regulando hasta meses después, así que entre las subidas de leche espontáneas y las veces que mi hija se apartaba rauda para no morir ahogada, mi trayectoria en pocos meses ha sido estelar: he regado a pediatras, logopedas, alfombras de casas ajenas... Un buen día, me puse a regar el césped con mis múltiples chorros a presión después de que mi hija se apartase escandalizada. A mi lado, mi cuñada embarazada no daba crédito a lo que veían sus ojos y preguntaba si aquello que estaba sucediendo era posible... «No, no, ni mucho menos, soy una aparición fruto de tus miedos de embarazada... Tranquila, que esto de lactar es limpio, discreto, ecológico...» Y nadie negará la parte ecológica que tiene el hecho de regar las plantas con leche humana, con la alarma por la sequía que se genera casi todos los veranos.

12. Miscelánea: a veces suceden cosas únicas

Teta de día, teta de noche

Dicen los expertos que es muy beneficioso establecer rutinas para los bebés, que les da seguridad y calma. Pues bien, mi hijo eso se lo toma al pie de la letra y quiso aportar una rutina propia al día a día... Y yo que soy muy de dialogar con los niños y niñas, le hice caso. Así fue cómo mi bebé de unos tres meses inauguró nuestro... ¿experimento? «Teta de día, teta de noche». No, eso no quiere decir que mamase de día y de noche, sería una obviedad nada revolucionaria. Él, visionario, estableció una teta para el día y la otra para la noche. Para las curiosas, la de día era la izquierda y la de noche la derecha. Pues bien, el experimento es evidente: ¿Cuánto puede aguantar un pecho cargado sin explotar? ¿Cuántas tallas de diferencia pueden llegar a haber entre un pecho y otro? ¿Qué incomprensible fuerza sobrenatural hace que me libre de una mastititis? Pero, sobre todo, ¿hasta dónde llega la paciencia de mamá? Pues hasta el mismo sitio que llegan los chorros de leche cuando al final explota la bomba: hasta el infinito... ¡Y más allá!

Aclaraciones finales: por fin, a partir de los seis meses aproximadamente, pude empezar a intercalar. Antes de eso, no había quien le engañase ni dormido. ¡Menuda afrenta intentar darle la teta de día por la noche o a la inversa! Con las rutinas no se juega, mamá.

Lactante y estudiante

Cuando te presentas a unas oposiciones, ves de todo. Gente de todo tipo, y muchas mujeres que ya son madres de hijos mayores, otras que están a punto de serlo y todo el mundo teme una espectacular ruptura de aguas en medio del examen, u otras que acaban de ser madres y no entran al aula con el bebé colgando de milagro. Esa era yo.

Cuando lo que te juegas es, precisamente, el futuro de tus hijos, da igual lo cansada que estés, lo que te absorba el bebé, todo. Sacas tiempo del sueño, estudias con un bebé pegado al pecho todo el día, intentas memorizar como sea con la lucidez típica del posparto (conocéis a Dory, de *Buscando a Nemo*, ¿verdad? «Sigue, nadando, sigue nadando...» Uy, perdón, se me ha ido el hilo, ¿por dónde íbamos?).

Así pues, te plantas en un examen larguísimo, con el mismo cuerpo con el que volverías de una rave, sin dejar de pensar en cómo estará tu bebé esas horas sin ti... Y te das cuenta de que te cuesta recordar hasta tu DNI para escribirlo en la primera página. Genial, vas a hacer historia.

Una vez metidas en este contexto idílico de la opositora puérpera que es común a las individuas de la especie, ya ahondo en mi persona. Yo, además de todo lo anterior, tenía una cantidad de leche bastante importante. La Cibeles me miraba mal, para que os hagáis una idea.

Y entre los nervios, los despistes y las prisas, adivinad quién olvidó ponerse discos de lactancia. «No pasa nada, el estrés cortará la producción de leche durante el examen. Soy una mamífera con sabiduría ancestral y primitiva, mi cuerpo detectará el estrés como peligro y no saldrá ni gota». Ilusa de mí. Cuando ya llevaba una hora de exámen, se me empezaron a hinchar como dos *fitballs* de pilates. Tenía la sensación de que explotarían de un momento a otro, y no sabía si tirárselas al de al lado como si fuera el juego de la patata caliente contaría como infracción en el exámen o no.

Hay quien suda de nervios, hay quien se hace pis. Yo empecé a chorrear leche como si se me hubiera roto algo. Gracias, camiseta oscura. Entregué mi examen digna y solemne, notándome la camiseta empapada y con dos tallas más de sujetador. Espero que no se fijaran mucho en el detalle. Corrí al pasillo donde me esperaba mi bebé y se llenó hasta implorar un batido detox.

Por cierto, aprobé con buena nota.

Hermanos de teta

Hay cosas en esta vida que cuesta mucho compartir. Una de ellas se llama mamá, con la peculiaridad que, cuanto más pequeño eres, menos la quieres compartir.

Pero hay veces que existen las emergencias. Y hasta un bebé sabe cuándo debe sacrificar un poco de su leche en beneficio de la humanidad, o, en este caso, de un amigo.

Aquel día, yo me hice cargo del hijo de una gran amiga, cuyo compromiso ineludible en un tanatorio no era el lugar más adecuado para llevar a su bebé de paseo. Así pues, pasé la tarde con dos bebés, admirando más y más a cada minuto que pasaba a las familias que tienen gemelos. Llegó un punto de la tarde en que puse todo mi empeño en lograr, a base de fuerza mental, que me saliesen un par más de brazos. O dos o tres.

Aquello se desmadraba. El hijo de mi amiga ya no aguantaba más. Quería teta. Yo tenía teta: dos, para ser más exactos. Dos tetas y dos bebés. Vi la solución evidente.

¡Chup, chup! Me enchufé a aquellas dos pequeñas ventosas que se sorprendieron durante un par de segundos por el giro de los acontecimientos. Se hizo el silencio. Calma. Paz.

Desde aquel día, nuestros pequeños son hermanos de teta; posiblemente sea lo más íntimo que vayan a compartir nunca, a no ser que se dediquen en el futuro al poliamor.

Trapicheos de leche

No soy madre, no tengo ni idea de lo que es dar el pecho y me paso el día rodeada de leche materna. Yo soy ese puente entre las mamás que se enchufan al sacaleches hasta en el váter del trabajo y sus bebés. Yo soy la maestra de la escuela infantil. O lo que es lo mismo, casi casi una traficante de leche.

Muchos de mis pequeños alumnos vienen cada mañana con su neverita, de la que se me hace entrega en un acto casi solemne. A veces siento que, a pequeña escala, soy como una superheroína recibiendo un órgano en medio de un helipuerto, y ahora solo depende de mí que llegue a su destino. En este caso, el destino es la nevera o el congelador del cole. Abrir esa nevera, llena de bolsitas de leche materna, es como hallarte ante el tesoro de la tumba de Tutankamón; a veces creo que hasta brilla. Pensar en las horas que invierten las mamás extrayéndose leche, la logística del transporte, y lo importante que es para los bebés que la reciben hace que a veces me tiemblen hasta las piernas al tener que abrir una sola de esas bolsitas, ¡qué presión! ¡Que yo soy de las de derramar un poco de leche del tazón cada mañana! Menudo papelón.

Al final me decido. Con suma concentración y un estado mental más elevado que un monje budista, pongo cada bolsita debajo del chorro de agua caliente. Una vez templada, procedo al terrorífico momento de abrir la bolsa y la vuelco al borde del ataque de nervios en su correspondiente biberón o cuenco (hay quien se toma sus cereales con leche de mami, que seguro saben mil veces mejor así). La encimera sigue limpia; no he tirado ni una gota. Buf, qué alivio. Hasta que miro la nevera y veo que tengo que repetir proceso con otras cuatro bolsitas. ¡Allá vamos!

A dieta

Cuando el embarazo está a punto de terminar, la mayoría de mujeres salivamos pensando en todo lo que nos vamos a comer en cuanto hayamos tenido al bebé. De hecho, el regalo que más triunfa tras el parto es un buen jamón. En mi caso, siendo vegetariana, me metí entre pecho y espalda todos los quesos artesanos que no tuviesen la pegatina de estar pasteurizados de los que me había privado nueve meses. El ratón de Susanita comía chocolate y turrón porque yo me había acabado todo el queso.

Quizá fue por dejar al pobre ratón con una dieta tan poco recomendable que el karma decidió actuar en mi contra; o solo quería reírse de mí. Adivinad a qué es intolerante mi hijo... Al jamón, no.

Decir que pasé el mono como si estuviera desenganchándome de la peor de las drogas es decir poco. No podía ni olerlo sin salivar (y mira que el queso oler bien, lo que se dice bien, no huele).

Luego está la tentación de lo prohibido. Nunca he sido muy amiga del yogur, pero, oh, es un lácteo y el cuerpo lo sabe... ¿Arroz con leche? ¿Chocolate blanco? ¡Nocilla! Sí, sí, suena a una dieta tan amiga de las enfermedades coronarias como la del ratón de Susanita, pero de pronto te das cuenta de que todo eso ha pasado de ser altamente perjudicial a estar prohibido. Y eso da morbo...

Así que el karma actuó quitándome los lácteos pero la vida aún quería presentarme a otro simpático. Se apoda «el colmo de los colmos», y se ríe mucho de las desgracias ajenas. ¿Y cuál sería el colmo de una vegetariana? ¡Tener intolerancia a la soja! Pues yo no la tengo, pero mi niño no solo me puso a dieta de queso, sino de tofu. ¡He sido despojada de mi sustento!

Llevamos así un año, con varios intentos fallidos de reintroducir alimentos en mi dieta. Y mientras él está cada día más grande y guapo, en mí hay que fijarse varias veces para darse cuenta de que mi ropa no camina sola. Soy como una vaca de la India, aún escuálida doy leche. Y sagrada no seré, ¡pero mis tetas sí! Así que a esta lactancia aún le queda mucho. Cuando se destete, pillaré una intoxicación por queso. Mientras tanto, si oyes una voz etérea por la calle, fíjate bien, igual estoy a tu lado aunque no puedas verme. En breve seré 2D.

Cuatro tetas mejor que dos

Hay lactancias maternas que parecen un milagro gracias a la ciencia. Al igual que hay madres adoptivas capaces de amamantar, también hay bebés con dos mamás que pueden ser amamantados por las dos. Ese será mi caso en el futuro si tengo la oportunidad.

Imaginaos por un momento las mieles de compartir lactancia entre las dos: repartirse las tomas nocturnas sin tener que levantarse nadie a preparar un biberón (ya imagino a mi criatura en medio de las dos, en la cama, rodando como una croqueta de una mamá a la otra, tetita tú, tetita yo); dejar descansar a la mamá gestante (que siempre será la que tenga más leche) y que la otra pueda darle el pecho mientras ella duerme la siesta. O: «Uf, ha mamado tanto rato que me escuecen los pezones, dale tú la siguiente y que se me aireen». Todo un mundo de posibilidades a nuestros pies...

Ahora bien, para nuestro bebé tiene que ser un mundo. Si a veces se ponen selectivos con dos pechos, ¿qué pasará con cuatro? Ya me veo siendo parte de un menú degustación: «Ajá, muy buena, matices de roble con regusto a arcoíris y toque de purpurina. Exquisita. Pasemos a la siguiente». Las borracheras de leche van a ser brutales: «¡Las pienso vaciar las cuatro! ¡Otra ronda!». Y cuando esté indeciso o indecisa, a jugar al pito pito. Imaginad por un momento la cara que se le puede quedar a esas personas a las que tanto les molesta la lactancia en público si ven a una criatura mamar de una mujer y luego mamar de otra. Intuyo que alguna cabeza explotará. Será divertido, muy divertido. Quizá, para cuando se dé el caso, haya que escribir un nuevo libro de anécdotas porque seguro que tendremos unas cuantas...

La repostería de la teta

VIOLETA S. PINTADO

La dulce leche materna con su sinfín de propiedades... ¡Oh, el preciado oro líquido! Y la de usos que se le puede dar...

Más allá de la alquimia, hay todo un repertorio de recetas en que utilizar la leche materna. ¿Que quieres que las gachas tengan más sustancia que haciéndolas solo con agua? ¡A exprimir una teta! ¿Que has visto una receta de galletitas *baby led weaning* súper saludables, híper adecuadas en textura, tamaño, color, temperatura, sabor, y todas las demás características que te preocupen los primeros meses de alimentación complementaria, pero tu peque tiene APLV? ¡Exprime la otra teta! ¿Que vas a hacer una tarta para tu familia política y quieres sorprender? ¡Exprímete las dos tetas! ¿Se te ha acabado la leche un domingo por la mañana y no tienes para el café? Pues eso.

La leche materna es la mejor leche para nuestra especie, sin duda. Así que como yo tenía facilidad para extraer pero ninguna necesidad de almacenar al estar siempre con mi bebé, creé mi «fondo de repostería». ¿Para qué usar otro tipo de leche cuando puedo usar la mía?

Me llego a apuntar a un reality de cocina y gano seguro. Ya imagino los comentarios de los jueces:

—Siempre logra un toque tan personal en los platos...

—No sé qué tiene esta mujer, pero cada vez que pruebo una de sus creaciones me transporta a mi más tierna infancia.

—Cocine lo que cocine, todo tiene un toque de lo más dulzón y jugoso.

Además, como el sabor de la leche cambia según lo que hayas comido, podría utilizarla como un potenciador de sabor natural, sin colorantes ni conservantes. Todo ventajas.

Así que aquí ando, dudando si escribir un libro de recetas, *Con leche de mamá*; apuntarme a un concurso o montar una cadena de helados. Igual para esto último se necesita mucha leche... Así que voy poniendo anuncios en los periódicos:

«Se precisan mujeres dispuestas a emprender en el sabroso negocio de los helados. No se requiere experiencia previa ni conocimientos específicos, tan solo que aporten una pequeña cantidad de materia prima para las elaboraciones».

Me van a llover solicitudes.

El fantasma de la teta

Cuando en las pelis de terror suena una nana cantada por alguna criatura, ya nos lo hacemos encima. Y es que hay una buena cantidad de fenómenos paranormales que parece que solo ven los niños y niñas, y ese sexto sentido da mal rollo. Mucho.

Mi hija se ve que desarrolló su detector de fantasmas muy pronto. Con pocos meses de vida, cuando se ponía a mamar se giraba una y mil veces a mirar un lugar fijo detrás de ella. Estuvimos barajando entre llamar al cura, a la vidente de antes de la teletienda, a los Cazafantasmas o a nuestro casero para exigir que el fantasma pagase una parte proporcional del alquiler. Al final no nos decantamos por ninguna de las opciones por evitar demasiadas explicaciones innecesarias, así que opté por dirigirme al propio fantasma:

—Oye, si tienes hambre busca leche en la nevera. Mis tetas, para mi bebé.

No sé si aún estará intentando abrir la nevera con sus etéreas manos o le ofendí tanto que se ha mudado a una casa más hospitalaria con los de su condición, pero mi hija ya no se siente observada por la espalda. De momento.

Derechos éticos de las tetas

Que la lactancia era una parte esencial de la vida en los primeros años de vida es algo que ya tenía claro. Que mis propios pechos iban a usurpar mi puesto a la hora de recibir las buenas noches con amor, no tanto.

Mi hijo siempre ha sido un oso mimoso conmigo, no puedo quejarme, pero desde que empezó a hablar, mis tetas empezaron a recibir otro tipo de atenciones distintas a succionarlas como si fuese una envasadora al vacío 24/7 como hasta entonces. Por lo visto, empezó a considerarlas seres sintientes (y vaya que si sienten, sobre todo desde que sale el primer diente) así que las colmaba de atenciones cada noche antes de dormir. Después ya se las comía sin mucho miramiento. Cada noche, se despedía de mi teta (sí, solo de una, la otra no era digna de cordialidades o quizá no tenía alma) con la cantinela de «buenas noches, tetita bonita» y hasta con abrazos y besos la agasajaba. A mi teta. A mí no.

Tiempo después, ya destetado por voluntad propia (¡la suya, la mía no!) sigue despidiéndose de su (¿mí?) tetita cada noche y se duerme acariciándola y abrazándola. Por cierto: sí, sigue buscando nuevas emisoras en la radio, debo de tener totalmente estropeada la rueda porque insiste e insiste. Oh, ¿que pensabais que esa desquiciante obsesión se acababa con la lactancia? ¡De nada!

Agradecimientos

Este libro no hubiese sido posible sin la generosidad de todas esas madres que me han permitido adentrarme en sus recuerdos y vivencias para ponerles voz y dar a conocer esta parte tan poco de revista, pero tan real y jodidamente divertida de la lactancia y la maternidad en sí misma. A todas y cada una de vosotras, os estoy eternamente agradecida.

A los papás, mamás no gestantes y demás familiares y amigos que sois pilares fundamentales en la lactancia: gracias. Por ese masaje, por ese tupper de nuestro plato favorito, por recolocarnos el cojín cuando se nos duerme el brazo.

A todas esas personas que ponen en duda nuestra capacidad para amamantar e incluso maternar «correctamente». Gracias, de verdad. Nos enseñáis a reír de las ocurrencias tan dispares que podemos llegar a oír en nuestro día a día.

Y, por último, a mi hijo, mi mayor inspiración, ese que me ha empujado a volver a escribir. Gracias por regalarme tantos y tan diversos momentos felices de teta. Tantos… como para querer escribir un libro con ellos.